# le guide de mon bébé au naturel

Weleda bébé, des produits développés avec l'aide
de pharmaciens et de sages-femmes, adaptés aux besoins
de la peau délicate des nourrissons.
Leurs formules entièrement naturelles sont particulièrement
bien tolérées par les épidermes fragiles et soutiennent
les fonctions naturelles de la peau.

**Coordination éditoriale :**
Astrid Desbordes
**Conception graphique :**
Laurence Ningre

© Nathan 2010.
**ISBN :** 978-2-09-278290-3
**N° d'éditeur :** 10168989
Imprimé en France
Dépôt légal : mars 2010.

**www.grandiravecnathan.com**

# le guide de mon bébé au naturel

Sous la direction de :
**Dominique Leyronnas**, pédiatre néonatalogiste,
et **Catherine Piraud-Rouet**, journaliste spécialisée
en maternité et en puériculture naturelle
et alternative.

Avec les contributions de :
**Christian Arizi**, médecin homéopathe et naturopathe
**Danielle Belforti**, praticienne de massages ayurvédiques,
de shiatsu, et formatrice
**Alain Benoit**, pédiatre
**Jean-Marie Briand**, ostéopathe
**Isabelle Gambet-Drago**, masseuse-kinésithérapeute
et formatrice en massage bébe

# **2.** Un bébé bien nourri

## **Allaiter, c'est bon pour les bébés !  42**
**par Dominique Leyronnas, pédiatre néonatalogiste**

- La première tétée : un point de repère essentiel…  43
- À la demande !  45

Bébé boit-il assez ?  48

- Que penser des crises de coliques ?  49
- À chaque souci de démarrage, sa solution !  49
- Pourquoi allaiter peut être difficile au début  50

Le lait de la mère : le meilleur aliment possible pour bébé 53

● L'allaitement, source de fatigue pour les mamans ? 54
● Besoin de succion, tétines et petit doigt : faut-il craindre des dérapages ? 54
● L'allaitement… côté maman 56
● Que doit-on manger quand on allaite ? 56
● Je ne souhaite pas allaiter, suis-je une mauvaise mère ? 56
● Si je tombe malade, dois-je stopper l'allaitement ? 59
● Allaiter abîme-t-il les seins ? 59
Biberons : sans Bisphénol A, c'est mieux ! 60

## La diversification 63
**par Dominique Leyronnas, pédiatre néonatalogiste et Alain Benoit, pédiatre**
● Le sevrage : un arrachement qui doit se faire en douceur 63
● Lui donner envie de goûter… 66
Et pourquoi pas des petits plats au lait maternel ? 70
● Les allergies alimentaires 70
Quel lait choisir ? 71
Pour une diversification sans risques 73
● Bébé ne doit pas manger comme un mini-adulte ! 74
● Avec des morceaux ou broyé ? 75
● Dur d'être grand ! 75
Vers une nourriture écologique pour bébé 76
● Produits bio exotiques : à consommer avec modération ! 76
Petits pots bio : quelle réelle plus-value ? 77

# 3. Massage, baby yoga, relaxation… pour un bébé heureux

## Masser bébé 82
**par Isabelle Gambet-Drago, masseuse-kinésithérapeute et formatrice en massage bébé**
● Le massage pour bébé : un océan de bienfaits 83
Les contre-indications au massage bébé 84
● Les conditions préalables à un bon massage 85
● Où masser bébé ? 86
Qui peut masser bébé ? 88
● Tout nu ! 89

Sommaire

● Quand commencer le massage bébé ? 89

Le massage bébé, très différent selon les cultures… 90

● Quelle est la bonne durée pour un massage ? 90
● À quelle fréquence masser mon bébé ? 91
● Les différents types de massages 92
● Masser un tout-petit (0-5 mois) 92
● Le massage contenant 95
● Le massage glissé chez le nouveau-né 95
● Le massage du dos 97
● Le massage de la jambe 99
● Le massage du pied 101
● Le massage du ventre 103

Une astuce pour ouvrir la main de bébé 105

**Prendre soin de bébé avec l'Ayurvéda 106**
par Danielle Belforti, praticienne de massages ayurvédiques,
de shiatsu et formatrice

● L'Ayurvéda, une approche venue de l'Inde 106
● Baby yoga 108
● « Mon corps dans l'espace » 109
● Petits étirements 112

La peau de bébé : à traiter avec le plus grand soin ! 116

● Les huiles de massage selon la tradition ayurvédique 116
● Peut-on parfumer une huile de massage ? 120
● Petites astuces 120

Les huiles essentielles : une fausse bonne idée pour mon bébé ! 121

**Détente et relaxation 124**
par Danielle Belforti, praticienne de massages ayurvédiques,
de shiatsu et formatrice

● Je me repose avec maman 124
● Je joue avec maman 126

En musique ? Pourquoi pas, mais avec modération ! 127

**Astuces pour simplifier la vie de bébé
et de ses parents ! 129**
par Isabelle Gambet-Drago, masseuse-kinésithérapeute
et formatrice en massage bébé

- Déshabiller bébé 130
- Enfiler la seconde jambe de pantalon ou une manche 132
- Nettoyer le cou de bébé 133
- La position magique 135
- Emmaillotez bébé, cela le rassure ! 137

# 4. La santé de bébé

**Un bébé en bonne santé, c'est quoi au juste ? 142**
**par Dominique Leyronnas, pédiatre néonatalogiste et Alain Benoit, pédiatre**
- La base du suivi pédiatrique : l'écoute 142
- La majorité des pathologies du petit enfant sont psychosomatiques 144
- Les pleurs de bébé : l'expression d'un problème de lien 144
  **La médecine de terrain, ou l'approche globale de l'enfant
  pour déterminer le traitement adapté à son cas 146**
- Les « problèmes de sommeil » 148
  **Les bienfaits des plantes 151**
- Fièvres, rhumes, problèmes ORL : rien de plus normal ! 152
- L'immunité, ça se travaille... tout naturellement 152
  **Renforcer l'immunité de votre bébé 153**
- L'ordonnance : un passage pas forcément obligé 155
- Que faut-il penser des antibiotiques ? 157
  **Mon arsenal antipathologies, antibobos et antithérapies 157**

**La question des vaccinations 160**
**par Dominique Leyronnas, pédiatre néonatalogiste**
- Les différents vaccins 163
  **Que contient un vaccin ? 163**
- Le programme vaccinal en France 164
  **Les vaccins ? Le moins possible ! 168**

**L'ostéopathie pour soulager bébé 170**
**par Jean-Marie Briand, ostéopathe**
- Votre bébé, un futur bipède qui se construit... 170
- L'ostéopathie, la recherche de l'équilibre 170
- Que cherche l'ostéopathe en palpant le corps du bébé ? 171
- La consultation ostéopathique du premier mois 175

Sommaire

● Les règles d'or pour une consultation réussie  176
● Entre 1 et 3 mois  177
● Quels troubles du nourrisson sont abordés efficacement par l'ostéopathie ?  178
● Les reflux  179
● Les « coliques » du nourrisson  179
● La plagiocéphalie ou « tête plate »  180
● Combien de consultations sont nécessaires dans le traitement du nouveau-né ?  182
● Comment choisir mon ostéopathe ?  182
**L'ostéopathie en cinq questions pratiques  184**

## **5.** Un nouveau mode de vie

**Choisir la simplicité  188**
par Catherine Piraud-Rouet, journaliste
● Et pourquoi pas la simplicité volontaire ?  189

**Porter bébé 192**
par Isabelle Gambet-Drago, masseuse-kinésithérapeute
et formatrice en massage bébé
● Bébé porté, bébé heureux !  192
● « Tu seras autonome, mon fils… »  192
● Osez revenir à l'essentiel…  193
**Les porte-bébés traditionnels :
attention, position antiphysiologique !  195**
● Comment choisir la bonne écharpe  196
**Vous souhaitez porter votre enfant en écharpe ? Pas d'impasse
sur l'atelier de portage !  197**
● Les deux conditions d'un portage efficace  197
● Pourquoi ces deux critères sont-ils fonsdamentaux ?  198
**Comment et pourquoi bien porter un nouveau-né  199**
● Les autres aspects positifs du portage  203
**Une astuce pour retirer bébé de l'écharpe sans le réveiller  204**
● Pourquoi vaut-il mieux éviter de porter bébé face à la route ?  206
● Les mauvaises positions de ce portage  206
● L'insécurité affective  207

● Les alternatives possibles 207
Le portage en trois questions 208

## Un bébé tout propre... naturellement 210
par Catherine Piraud-Rouet, journaliste

● Changer bébé 210
Les différents modèles de couches lavables 212
Les écolaveurs de France 213
Fabriquez votre liniment oléo-calcaire 218
● Laver bébé : un plaisir plus qu'un besoin 218
Mon bébé souffre d'eczéma, quels produits pour son bain ? 221

## Bébé, « consom'acteur » déjà responsable ! 222
par Catherine Piraud-Rouet, journaliste

● Habiller bébé : 4 évidences 222
● Pourquoi est-il préférable de miser sur le bio et sur l'équitable ? 224
Comment reconnaître un vêtement « nature » : les labels 226
Cinq conseils pour une lessive plus saine 228
Les bons plans pour bébé 230
● Amuser et éveiller bébé : les meilleurs jouets
ne sont pas forcément ceux que l'on croit ! 231
Fabriquez-lui un panier à trésors 232
Quelques marques de jouets écolos/éthiques 233

## Élever bébé dans une maison saine et sereine 234
par Catherine Piraud-Rouet, journaliste

● Une maison saine 234
● Une chambre sereine par le feng shui 236
Un mobilier 100 % écolo ? Pas forcément ! 239

## Bébé et reprise du travail 240
par Catherine Piraud-Rouet, journaliste

● Reprendre le travail... ou pas 240
● Faire garder bébé : le boom des modes de garde alternatifs et écolos 244
Lieu de garde, lieu de vie 248

Biographies 252
Ressources complémentaires, Index 255-259

Sommaire

# Introduction

**Devenir des parents, devenir un papa, une maman, c'est une grande aventure, mais aussi une nouvelle responsabilité.** Et vous vous posez mille questions, car vous voulez vous montrer à la hauteur, être des parents « bien ».

**Quand avez-vous tenu un bébé dans vos bras pour la dernière fois ? Avez-vous déjà eu l'occasion de changer une couche, de donner un biberon ?** Combien de fois avez-vous vu un bébé téter le sein de sa mère, en face de vous, assez près de vous pour entendre les petits grognements de satisfaction qui accompagnent chaque gorgée ? À toutes ces questions vous répondrez peut-être : « Jamais ! » Et vous ne serez pas les seuls dans ce cas. En ce début du XXIe siècle, nous vivons dans un pays occidental dont le mode de vie a rendu les familles moins nombreuses et plus dispersées. Plus de petit frère ni de neveu à pouponner à l'âge où l'on devient un grand. Tout au plus quelques soirées de baby-sitting dans votre vie d'étudiant(e).

**Quant à vous en particulier, future maman, dans quelques semaines se blottira dans vos bras celui que vous portez dans votre ventre.** Alors, vous vous précipitez sur les rayons des libraires pour chercher de l'aide auprès de « ceux qui savent ». Et ça tombe bien, les librairies regorgent de livres qui parlent du bébé et de sa maman, du comment faire et du quoi faire et ne pas faire. En fait, vous cherchez le Code du bébé, comme on cherche le Code de la route ou un mode d'emploi. Si l'ouvrage que vous tenez entre vos mains s'ajoutait à la liste, il serait bien inutile !

**Vous ne serez pas des parents parfaits. C'est décevant, mais c'est rassurant.** La perfection n'est pas de ce monde : ne vous fixez pas des objectifs impossibles à tenir. En contrepartie, votre bébé trouvera que vous êtes « ses meilleurs parents » si vous répondez à ce qu'il demande. Pour cela, il faut se rendre disponible, laisser parler son intuition.

**Car votre bébé sait tout ce dont il a besoin, et il saura le dire en temps utile.** Depuis le début de la grossesse, ce bébé se crée en vous, future maman, malgré vous, sans que vous puissiez vraiment intervenir. Vous vous laissez faire, confiante en un processus qui vous échappe. Vous ne choisirez pas non plus le moment où vous accoucherez. La grossesse et l'accouchement sont des phénomènes qui nous échappent, réglés depuis des millénaires par les lois de la Nature.

**Eh bien, il faut considérer qu'il existe un dixième mois de grossesse hors du ventre maternel.** Après avoir traversé toutes ces étapes, le bébé deviendrait-il soudainement incapable de gérer sa survie ? Il aurait besoin de nous pour lui dire quand il doit dormir ou manger ? Prétendre le faire expose à de grandes déceptions, car ce bébé ne se laissera pas mener et sa maman en sera désespérée. Si les puéricultrices et les pédiatres savent donner des repères sur les besoins des bébés, chaque bébé est unique, comme l'est chaque adulte, avec son propre comportement, ses propres désirs.

**Dans la nature, bien des mamans mettent au monde leur petit et s'en occupent sans aucune aide extérieure.** Les mamans d'hommes aussi peuvent trouver en elles-mêmes les réponses aux besoins de leur petit. Encore faut-il qu'elles se mettent à son écoute...

**Cette écoute, nous vous invitons à la partager. Des années de compagnonnage avec les bébés nous ont appris à décoder leurs comportements et leurs besoins.** C'est à cette expérience que nous nous référons plus qu'aux ouvrages scientifiques : trop de science tue parfois le bon sens. Car s'il est bon de chercher à comprendre les phénomènes naturels, ce doit être pour les respecter, non pour les asservir.

Dominique Leyronnas

# Accueillir bébé : la naissance

# La gestation, ou le paradis terrestre

Par Dominique Leyronnas, pédiatre néonatalogiste

**L**a perspective de devenir parents peut susciter à la fois beaucoup de joie et beaucoup d'incertitude. Saurons-nous comprendre ce qu'exprime notre bébé ? Dans ce désir d'être à la hauteur, les futurs parents multiplient les sources d'information, livres, revues spécialisées ou sites Internet. Ils finissent par en avoir plein la tête et ne plus savoir que faire. Je propose de laisser de côté toutes ces notions, toutes ces idées et de chercher non plus à comprendre, mais à ressentir ce qu'éprouve le bébé en venant au monde. Car celui-ci va traverser, coup sur coup, deux épreuves monumentales : l'accouchement et la naissance.

L'accouchement met fin à un état de bien-être passif qu'on a pu comparer au mythe du paradis terrestre. La naissance est comme un sas de décompression, une transition vers une vie radicalement différente à laquelle il faut s'adapter en un temps très court. Le paradis est un lieu envié même par ceux qui n'y croient pas. Quelle que soit la représentation qu'on en a, quelle que soit la réalité qu'on lui donne, le paradis exprime une ambiance de confort et de sérénité. Les marchands de voyages ne s'y trompent pas : ne vantent-ils pas des îles ou des vacances paradisiaques ? Ce seul mot suscite en nous une réaction positive, une onde de chaleur, un souvenir heureux. Nous avons tous connu ce paradis du ventre maternel dans lequel nous avons passé près de quarante semaines. Et, tous, nous en avons été chassés le jour de notre naissance. Nous en gardons sûrement le souvenir au fond de cette « boîte noire » qu'est notre mémoire corporelle. Et ce souvenir, nous pouvons partir à sa recherche :

« J'imagine un lieu clos, doux et chaud dans lequel je suis blotti, protégé de toute agression extérieure. Pas de lumière, pas de bruit violent. Les sons du dehors sont filtrés, atténués par le liquide. Pourtant, ce n'est pas le silence : un doux bruit de fond continu me berce, rythme sourd du cœur de maman, bruissement de sa respiration, gargouillis de sa digestion… Je flotte en apesanteur dans un bain chaud, de même température que moi, qui ne refroidit jamais, bercé par les vagues de la respiration et des mouvements maternels. Le liquide m'enveloppe totalement, caresse la totalité de mon corps, de ma peau. Chacun de mes mouvements s'arrête aux limites toutes proches de mon abri ; cette paroi souple et ferme est rassurante. Mes poumons sont au repos, l'oxygène m'est fourni. Mon tube digestif est immobile, je n'ai pas à me nourrir ni à digérer. Mes besoins sont totalement pris en charge par ma maman. Je me laisse délicieusement faire… »

Mais le jour de la conception a marqué l'entrée dans le cycle du temps. Et cette situation bienheureuse a une fin, annoncée par les premières contractions. Le minuscule œuf est venu s'installer dans un utérus à peine gros comme le poing, sans aucune place à l'intérieur. Il a occupé les lieux, tel un « squatteur », et l'utérus s'est complaisamment laissé distendre, jusqu'à atteindre ce volume que l'on observe de l'extérieur, qui déforme le ventre maternel. Bien que sa paroi soit devenue toute fine, l'utérus se souvient soudain qu'il est un muscle. Il se contracte et ce signal, tant attendu des mamans, est pour le bébé un arrêt d'expulsion.

## L'épreuve de l'accouchement

« Expulsion » est bien le terme qu'emploient les sages-femmes pour désigner la phase finale de l'accouchement. Faire passer une tête plus grosse qu'un pamplemousse par un passage encore inexistant à ce moment-là requiert une force considérable. Tel est le rôle des contractions utérines : elles compriment et poussent sur ce corps pour qu'il descende dans le bassin. Toute cette énergie mécanique converge vers la colonne vertébrale, l'axe résistant du corps fœtal, jusqu'au sommet du crâne qui vient appuyer sur le col pour en solliciter l'ouverture.

**Pendant les premières heures du travail, ou parfois déjà dans les dernières semaines de la grossesse, la tête du bébé descend dans le bassin.** Dans son parcours, elle va se déformer car les os du crâne, qui sont mobiles, peuvent se chevaucher, se superposer sur quelques millimètres pour réduire son diamètre. Bien sûr, cela demande un peu de temps, mais c'est une étape précieuse pour faciliter la sortie. De la même façon, le bassin maternel se mobilise, les ligaments se distendent. Enfin, la tête se laisse deviner du dehors, et c'est au tour du périnée, peau et muscles, de s'ouvrir au maximum pour qu'elle finisse de sortir. Préparation et patience limiteront les dégâts tissulaires, toujours pénibles dans cette partie intime du corps.

**Après la tête apparaissent les épaules, puis le reste du corps ; enfin, tout le bébé est sorti, ruisselant de liquide amniotique.**

# L'entrée dans une nouvelle vie...

**Sortir de sa maman n'est pas de tout repos.** On le sait bien quand on assiste à un accouchement : une énergie très forte est nécessaire, qu'on cherche depuis toujours à canaliser pour que les contractions soient moins douloureuses. Si la péridurale soulage la maman d'une douleur excessive, qu'en est-il du bébé pendant ce temps ? Il est comprimé sur tout son corps toutes les trois à cinq minutes pendant plusieurs heures, et c'est pour lui une épreuve. On le sait car un appareil est chargé de surveiller son rythme cardiaque et, lors des contractions, on peut entendre son cœur se ralentir. Parfois même, sa mauvaise tolérance conduira à intervenir pour précipiter sa sortie à l'aide d'un forceps ou d'une césarienne. Il semblerait que, pendant l'accouchement, le bébé se mette dans un état de repli. Certains ont dit qu'il dort, mais on pourrait plutôt penser qu'il se met en « veille », en économie d'énergie pour pouvoir supporter cette longue traversée.

**Une fois qu'il est sorti, sa maman est soulagée : son épreuve est terminée. Mais pour le bébé, une seconde manche se joue aussitôt : il doit s'adapter à une nouvelle vie.** Il arrive dans un monde plein de vide, l'espace autour de lui est illimité, froid, sonore et lumineux. La brutalité de cette sensation déclenche sa première respiration. Elle est très puissante, cette première inspiration, car il ne faut pas oublier que les poumons sont pleins de liquide, que toutes les alvéoles sont fermées. Il va devoir transformer cette éponge trempée en éponge essorée, aérée. Il expire très fort pour chasser une partie de ce liquide qui le gêne, et là ses cordes vocales se mettent à vibrer, il produit un cri dont il est sûrement très surpris, peut-être effrayé, car il n'a jamais entendu un son aussi proche et puissant. Il sursaute et crie de plus belle, à la grande satisfaction de tout l'entourage qui voit dans ce cri un signe de vigueur. Cette répétition de cris peut s'interrompre très vite si on lui redonne du confort.

**Il a perdu le contact ? Remettons-le contre sa maman, sur son ventre.** Il ne peut plus être dedans, au moins sera-t-il dessus. Sitôt que le nouveau-né s'oxygène efficacement de lui-même, le cordon cesse de battre – c'est alors qu'on le coupe. Aucun autre soin n'est utile s'il fait preuve d'une bonne vitalité. Il n'est pas nécessaire et il est même nuisible de lui passer des sondes dans le nez, la bouche et l'anus. L'observation attentive des premières heures suffit à détecter d'éventuelles anomalies.

**Il se sent nu, dépouillé du liquide chaud qui l'enveloppait ? Couvrons-le d'un linge, un peu chaud si possible, et d'un bonnet qui l'empêchent de se refroidir.** Ainsi installé, il s'apaise et cherche à découvrir. Le stress de l'accouchement l'a chargé d'adrénaline et il est, pour une ou deux heures, dans un état de vigilance très particulière. Il ouvre les yeux sur le monde, mais son regard s'ajuste à une distance très précise : celle qui le sépare du visage de sa maman. Car, s'il sait beaucoup sur elle, ses goûts, ses rythmes de vie et ses états d'âme, il va maintenant découvrir à quoi elle ressemble. En cet instant unique où ils se rencontrent, se crée le lien puissant qui les unira malgré la séparation de la naissance.

## Un nouvel environnement, peuplé de mauvaises surprises pour bébé

**Pendant les premiers jours, le bébé va réagir à son nouvel environnement, devant ses parents qui n'en croient pas leurs yeux.**

**D'abord, l'espace qui l'entoure est inconfortable.** Quand il bouge, il ne trouve plus de résistance à son geste, qui va plus loin que prévu. Il sursaute alors, ses bras brassent l'air comme s'il cherchait à se raccrocher. Peut-être ressent-il cette impression de chute libre qu'on retrouve parfois en rêve ? De plus, son tonus est excessif ; même au repos, il est facilement crispé, replié sur lui-même en grenouille et sursaute à la moindre occasion. Il a des tremblements des extrémités qui le font qualifier de « nerveux », alors que cela ne présume en rien de son futur caractère. Tous ces mouvements réflexes peuvent impressionner, mais ils s'estompent vite dans les premiers jours.

**Le froid est un autre ennemi.** Il est facile de comprendre que de 37 °C à 24 °C, il y a une saison d'écart. Mais on pense moins que le fœtus n'avait pas besoin de réguler sa température, ce que le bébé doit faire désormais. Il dispose pour cela de deux moyens : produire de la chaleur en « brûlant » la graisse brune qu'il a mise en réserve et, en attendant que la chaudière soit en route, limiter les échanges avec

Accueillir bébé : la naissance

19

l'extérieur en réduisant la circulation cutanée. C'est pourquoi il est plus pâle après le bain, avec les extrémités toutes bleues.

**Plus que le froid, la nudité lui déplaît.** Un bébé parfaitement endormi réagit dès qu'on le découvre ou quand on ouvre la couche, même s'il fait 35 °C. Une simple chemise suffit à le calmer. Ce comportement, assimilé à tort à de la frilosité, exprime l'importance du contact, la réceptivité de la peau qui garde la mémoire du séjour utérin. **Ajoutons la violence de la lumière et de certains sons qui le font sursauter,** et nous comprenons combien il peut trouver notre monde inconfortable.

## Le peau à peau, ou la transition en douceur entre le dedans et le dehors

**Pourquoi le corps à corps intime entre le bébé et sa maman a-t-il été quelque temps chassé de nos pratiques au profit d'incubateurs aseptisés ?** Sans doute au nom de prétextes hygiéniques et par enthousiasme pour la technologie. Le retour à des attitudes plus spontanées est heureusement bien amorcé. Pour y aider, les travaux sont nombreux sur les vertus « médicales » du peau à peau. En plus d'être le moyen de réchauffement le plus efficace (il a bien servi pendant neuf mois !), il facilite l'adaptation cardiorespiratoire dans les premières minutes de vie et permet au nouveau-né d'être immédiatement colonisé par les bactéries de sa mère. Celles-ci le protégeront des contaminations extérieures, dangereuses. Autrement dit, l'hygiénisme obtenait un résultat inverse à son objectif ! Les incubateurs ont été inventés pour les bébés malades. Les autres n'ont rien à y faire.

**Mais pour qui donc les berceaux ont-ils été inventés ?** Dans la nature, un petit qui sort du ventre de sa maman va s'enfouir sous elle, face aux mamelles, et il n'en bouge pas avant plusieurs jours. Il n'est pas envisageable de les séparer, d'abord parce que la maman s'y opposerait férocement, ensuite parce que cette séparation couperait tout maternage et le condamnerait. Ce contact est donc une nécessité biologique pour les mamans aussi. Et sur les six milliards d'humains que nous sommes, il y en a beaucoup plus qui vivent leur vie de bébé accrochés à leur maman que couchés dans un berceau. Berceau qui, d'ailleurs, ne mérite plus son nom puisqu'il ne berce plus, et qu'il a donc perdu sa fonction consolatrice.

## Le peau à peau, une mauvaise habitude ?

**Comment imaginer qu'un nouveau-né puisse s'affranchir d'un coup des neuf mois passés dans le ventre maternel ?** Les mots ne trompent pas : on dit « porter un bébé en son sein », où le terme « sein » désigne l'utérus. Une fois sorti, le bébé va rechercher l'autre sein, le sein nourricier, celui qu'il tète et où il va vouloir rester blotti pendant les premiers jours. Ne pouvant plus retourner dans le sein maternel, il a trouvé un lieu dont l'odeur et le contact rappellent le paradis perdu. Étrange idée de vouloir absolument qu'il aille dans « son » berceau qui n'est, dans toute maternité, qu'une coque en plastique impersonnelle, sans odeur familière ni contact chaleureux.

« Si tu commences comme ça, tu vas lui donner de mauvaises habitudes ! » gronde une voix venue des générations d'avant. Surprenant contresens ! Son habitude, c'est d'avoir habité le ventre de sa maman pendant neuf mois. Il était dedans, il en est sorti (à regrets ?) et il est en train de s'adapter à une vie séparée. Il a besoin d'une période de transition avant de se trouver bien ici. Il va tout faire pour s'adapter très vite. Alors, il aura moins peur et supportera l'éloignement. Nous autres, adultes, avons besoin d'un peu de temps pour nous adapter quand nous voyageons dans un pays lointain. Et quand nous rentrons, nous retrouvons notre lit avec plaisir. Et nous avons pour nous aider toute notre faculté de raisonnement dont le bébé ne dispose pas encore. Ce qu'il connaît, lui, c'est le contact, la chaleur et l'odeur de sa maman.

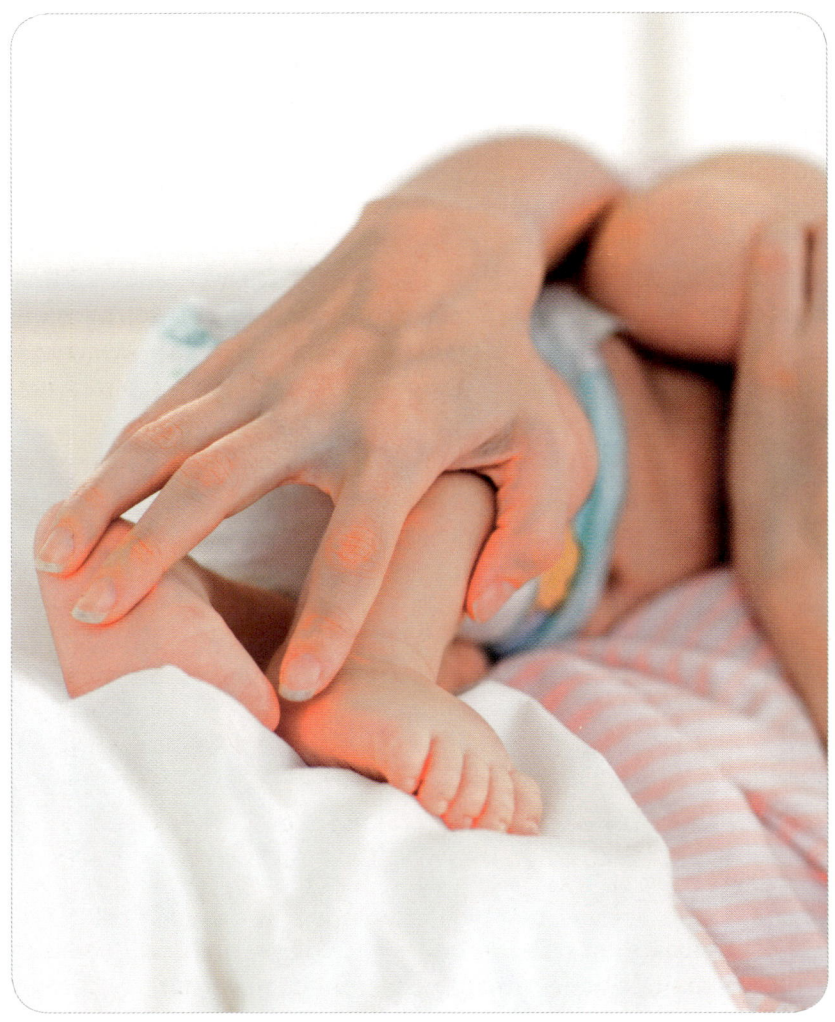

# La proximité mère-enfant, un danger ?

Quand une maman comprend la demande de son bébé d'être près d'elle, et qu'elle se sent l'envie d'y répondre, il lui reste à surmonter la crainte de l'accident, chute ou étouffement. Il est vrai que le nouveau-né est un être en transition qui demande la vigilance de son entourage. En réponse, la nature a prévu que l'imprégnation d'ocytocine, conséquence de l'accouchement, donne aux jeunes mamans une extrême vigilance. Malgré la fatigue, le sommeil des premières nuits est curieusement réceptif à tous les bruits venant du bébé. Le personnel de la maternité aidera à une installation judicieuse et rassurante pour éviter la chute et éloigner de son visage oreiller et couette dans lesquels il pourrait s'enfouir. L'expérience montre qu'une bonne compréhension évite les accidents. **L'idéal serait un lit de bébé jumelé à celui de sa maman (side-bed), permettant la proximité dans le confort et la sécurité.** Ces lits commencent à apparaître pour un usage domestique, mais il faudra du temps avant que les maternités s'en équipent.

# L'instinct de fusion pour contrer la douleur de la séparation

La vie est séparation, et si nous avons évoqué ce que peut ressentir le bébé, qu'en est-il de sa maman quand elle se retrouve seule dans un lit qui n'est pas son lit, seule dans une chambre qui n'est pas sa chambre, le ventre vide, et douloureux pour certaines ? L'expression « Je suis vidée » prend ici tout son sens. Vidée de l'énergie déployée pour accoucher, vidée de la vie qui l'habitait. La maman recherche son bébé : laissons-le-lui et conseillons-la.

Si la naissance est la séparation de corps d'avec sa maman, pendant plusieurs mois, le bébé ne se sait pas distinct de sa maman. Comme s'il était un prolongement d'elle-même, ses besoins déclenchent chez elle des réponses immédiates, obligatoires. La nature l'a voulu ainsi pour permettre la survie de ce petit être dépendant. D. Winnicott a appelé cet état la « préoccupation maternelle primaire ». Ce qui exprime bien le caractère obligatoire et irréfléchi de ce comportement qui pousse à prendre dans ses bras un bébé qui pleure, à le regarder dormir avec bienveillance, à s'oublier et à oublier ses besoins propres pour se consacrer à lui. C'est d'ailleurs parfois trop. Un bébé a besoin d'une maman en forme et c'est le rôle de l'entourage de lui permettre de se reposer. Il peut être très appréciable que le papa passe une ou deux premières nuits à la maternité.

**Peut-on croire qu'en entrant chez ses parents, le bébé va se trouver aussitôt bien dans « sa » chambre et « son petit lit » ?** Il y sera bien, certes, mais pas tout de suite. Il faut le temps qu'il enregistre l'ambiance de sa chambre, les sons, les odeurs, les lumières. Il faut qu'il marque son territoire afin de reconnaître, quand il se couche, un lieu dont le contact et l'odeur lui sont familiers et le rassurent. Quand un enfant de quelques mois est mis dans son lit, il adopte instantanément une position bien déterminée, son doigt préféré dans la bouche, la main accrochée à son doudou, tissu ou peluche fétiche (pourquoi celle-là et pas une autre ?). On voit qu'il se trouve bien à cet endroit, promesse d'un bon moment de repos. Cela ne se fait pas du jour au lendemain. N'a-t-on pas besoin, pour oser s'abandonner à l'inconscience du sommeil, d'un lieu rassurant ? Peut-on comprendre, en toute logique, qu'après neuf mois passés dans sa maman, il a droit à quelques jours passés contre elle avant de s'en séparer peu à peu ?

**D'abord le lit distinct, mais tout proche.** Pourquoi décider qu'il dormira dans sa chambre si c'est pour se lever toutes les heures de crainte de ne pas l'entendre réclamer ? Pour les parents aussi, c'est nouveau d'habiter avec un bébé. Et ils peuvent avoir besoin de sentir cette présence, même (ou surtout) dans leur sommeil. Alors, foin d'un prétendu règlement ! Qu'il soit là, près d'eux. Leur présence est rassu-rante pour lui. Sa présence est rassurante pour eux. S'il réclame, on se penche pour le prendre et le voilà au sein sans qu'on ait à se lever.

**Qui ne rêve du confort intime de ce peau à peau nocturne au creux du lit parental ?** Nous avons tous ce souvenir au fond de nous, quelle qu'en soit la forme, nostalgie ou regret. Le refuser à son bébé est peut-être le signe qu'on n'a pas digéré sa propre séparation, qu'il y a un nœud quelque part en nous. Le bébé nous offre l'occasion de nous libérer de ce nœud : laissons-le nous guider.

**Puisque, le jour, son sommeil est plus profond, il acceptera plus volontiers sa chambre et ainsi, peu à peu, elle lui deviendra familière.** Un soir, il y restera. Pour qu'il l'accepte, il faut aussi que sa maman l'accepte, qu'elle y soit prête. Car dans une séparation comme dans une relation, il doit y avoir accord des deux parties. On entend trop souvent dire : « Mon bébé ne veut pas dormir dans son lit... », avec un air de soumission qui exprime clairement qu'on n'a pas pris position soi-même, qu'on n'y tient pas vraiment. Alors, on fait croire qu'il décide, que c'est impossible autrement. Certes, n'allez pas deman-der à votre bébé s'il préfère être à l'écart ou proche de vous ! Même adulte, qui ne souhaite rester accroché à l'être chéri ? C'est là que le papa a son mot à dire. Il peut apprécier, lui aussi, le corps à corps avec son bébé, mais il conduira la jeune maman à redevenir sa compagne, son amante, à faire ainsi la part entre ses deux rôles.

# Sur le dos, sur le ventre ? Comment coucher mon bébé ?

Il y a trente ans, les pédiatres français ont incité les parents à cou-cher leur bébé sur le ventre. Désormais, ils le déconseillent fortement. Ce revirement fait dire à certains qu'il s'agit d'un effet de mode.

C'est loin d'être si simple. **Quand son bébé se tortille sous l'effet de gaz intestinaux (les fameuses « coliques »), sa maman constate que tout va mieux si elle l'installe sur le ventre.** C'est normal, puisque cette position en appui sur le ventre, jambes regroupées sous lui, détend l'abdomen et facilite la circulation des gaz.

**Comment comprendre, alors, qu'on lui déconseille, voire interdise, cette position ?** Un nouveau-né est un être en transition, immature encore pendant quelques mois. Il n'a pas acquis tous les moyens de réaction et peut être démuni dans des situations qui nous semblent sans danger. **Quand il dort sur le ventre, le nez sur le matelas, un bébé respire un air confiné.** C'est d'autant plus vrai que le réflexe de fouissement, qui lui permet de trouver le sein, l'incite à enfoncer son nez dans ce qu'il rencontre. Un matelas mou, une couette, un oreiller seront pour lui un piège redoutable.

On imagine trop souvent que les rejets (avec l'arrière-pensée de la fausse route) sont moins à craindre dans cette position. Cela n'est pas confirmé par l'expérience. La nature a pris soin de placer le tube digestif en arrière des voies respiratoires. Quand le contenu liquide de l'estomac remonte dans l'œsophage – ce qui est courant en position allongée – la respiration se suspend quelques secondes, le temps qu'il retrouve naturellement son chemin. **Par ailleurs, les échanges thermiques sont réduits par la position ventrale : la fièvre ou un environnement surchauffé risquent de faire monter dangereusement sa température.** Ainsi, un simple rhume expose un bébé qui a pris l'habitude de dormir sur le ventre au double risque de fièvre élevée et de gêne respiratoire. Une augmentation du risque de mort subite du nourrisson (renommée récemment « mort inopinée ») a été corrélée au couchage ventral. **L'installation sur le côté avec des cales n'est pas meilleure :** rapidement inconfortable, elle incitera le bébé à se dégager et à se tourner au risque de se retrouver sur le ventre. **Comment faire alors ?**

# La bonne position pour coucher bébé

Si l'on observe l'attitude que prend spontanément un nouveau-né quand on le pose sur un lit, on voit que la position dorsale stricte est impossible. Sa tête, ronde et lourde, se tourne sur le côté, avec une préférence pour le côté qu'il connaissait avant de naître. Ce qui entraîne le corps dans une position de trois quarts, dos un peu enroulé. Le bébé recherche naturellement la position fœtale que, même adultes, nous retrouvons souvent dans le sommeil.

Ne peut-on le laisser dans la position qu'il trouve de lui-même ? Faut-il lui imposer autre chose ? Sans doute non. Seulement, parfois, l'inviter à se tourner aussi de l'autre côté s'il n'y va pas seul après quelques jours. Car s'il reste obstinément tourné du même côté, il risque d'accentuer l'asymétrie de sa tête et d'avoir un torticolis. Une consultation avec un ostéopathe est alors indiquée (voir p. 170).

Le bébé a-t-il besoin de sentir des limites à son espace ? Pas toujours. Il y a des bébés qui dorment royalement bien au milieu d'un lit trop grand. On trouve dans le commerce un nombre croissant d'accessoires pour une meilleure installation de sommeil (rehausseur à glisser sous le matelas, cale-bébé…). Sans doute certains bébés en tirent-ils du confort. Mais le plus important pour accueillir le sommeil est d'être bien rassuré.

# Une astuce pour sortir bébé du lit en toute sérénité

Personne ne vous a jamais appris à sortir votre bébé du lit et vous vous débrouillez très bien tout(e) seul(e). C'est parfait, mais vous pouvez essayer cette technique qui offre plusieurs avantages :
- permettre au bébé de continuer à dormir ;
- éviter de le faire sursauter en écartant les bras (réflexe de Moro) ;
- diminuer vos inquiétudes sur le soutien de la tête ;
- découvrir les compétences motrices de votre bébé dès la naissance.

1. Posez votre main gauche sur le thorax et sur le ventre de votre bébé. Votre index doit se trouver sur son épaule. De l'autre main, ramenez le genou vers le ventre du bébé. Votre pouce se trouve sur le tibia, et votre paume sur le côté du genou.

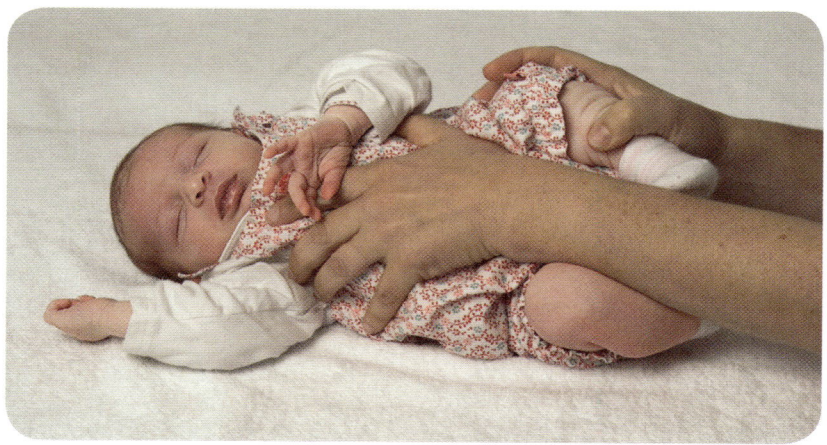

2. Amenez votre paume tenant le genou vers le lit, tout en laissant l'autre main à la même place. Le bébé se met à tourner. Amenez bien toute la jambe vers le lit et pas seulement le genou. Le genou enjambe votre bras.

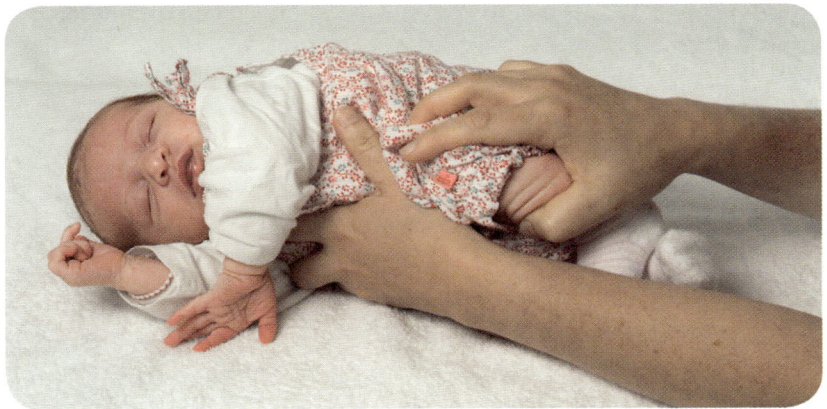

3. Tout en maintenant votre paume sur le genou, décollez le bébé du lit. Ne vous occupez pas de sa tête, elle suit naturellement le mouvement. Attention de ne pas serrer vos doigts sur l'abdomen du bébé. Il doit tenir en équilibre dans votre paume de main.

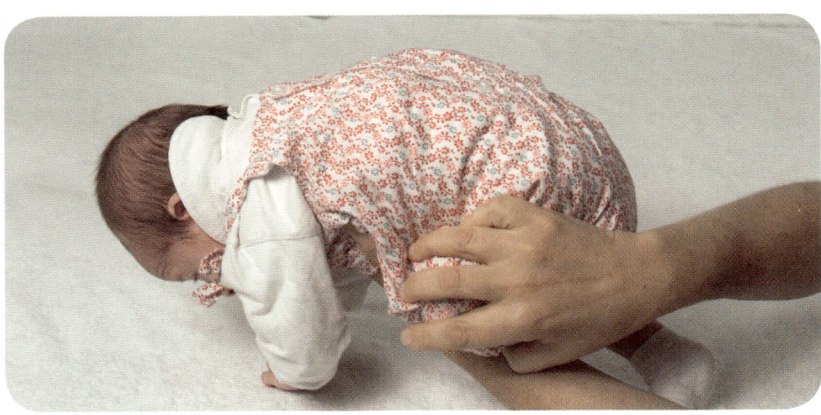

**4.** Lorsque bébé est endormi sur votre épaule, il suffit, pour le reposer dans son lit, de replacer votre main sur son torse et de réaliser le chemin inverse. Prenez seulement garde de ne pas coincer son bras en le reposant.

## Contre les gargouillis et autres « coliques » : un seul remède, le réconfort

Quand, après une bonne tétée, un bébé s'endort lourdement, sa maman s'attend à un sommeil prolongé. Aussi, lorsque, à peine une heure plus tard, un cri aigu jaillit du berceau, elle ne comprend pas ce qui se passe. Le bébé béat et repu s'est transformé en boxeur furieux, crispé, qui se débat dans les bras au lieu de s'y apaiser comme il le faisait jusque-là. L'origine de cette crise se situe sans doute quelque part sur la longueur de son tube digestif. **Une bulle coincée dans l'estomac ou dans un méandre intestinal lui procure une sensation inconnue et peu appréciée.** Après quelques instants qui paraissent interminables aux parents, le calme revient aussi brutalement, souvent accompagné d'une émission de gaz ou de selles.

**Le terme de colique, qui désigne ce phénomène, a été trop souvent utilisé pour désigner des pleurs nocturnes au long cours.** Il ne s'agit ici que d'une étape d'adaptation intestinale, une découverte des sensations intérieures. Ce n'est pas une maladie et aucun traitement n'est nécessaire. Rien de ce qui est proposé n'est d'ailleurs réellement efficace. La seule réponse est le réconfort et l'apaisement. Le tube digestif subit directement l'influence des émotions. Tout le monde sait ce que veut dire « avoir l'estomac noué » par une contrariété ou une peur. Le nouveau-né n'a pas la faculté de dire ce qui l'inquiète et il l'exprime par son corps. Qui plus est, il est inquiet pour deux, car neuf mois passés dans l'intimité de sa maman l'ont rendu extrêmement réceptif à son humeur.

Et cette nouvelle maman peut-elle vivre sans incertitude cette grande aventure de la maternité ? Certes non. Alors, il suffit d'accepter son inexpérience et de rechercher tout ce qui peut être source de réconfort pour l'un comme pour l'autre. Pour l'un donc pour l'autre. **Un remède ancestral que l'Occident redécouvre est le portage de bébé à l'aide d'une écharpe.** Ce corps à corps vertical, ventre à ventre, chaud et câlin, se révèle très bénéfique et apaisant. Il n'est pas réservé à la maman et peut être l'occasion pour le papa de trouver sa place.

# La place du père : un rôle à découvrir au quotidien

On n'est pas naturellement père. On le devient quand la mère de notre enfant nous désigne comme père, comme le souligne si justement le pédiatre Alain Benoit, lui qui a longtemps cheminé avec les futurs pères. Les maternités s'ouvrent de plus en plus aux compagnons des mamans. Mais leur place, leur rôle, est en plein bouleversement et pas si simple à définir.

**Que fait cet homme en salle de naissance, bombardé au milieu d'une histoire de femmes ?** Lui qui ne ressentira jamais ni les mouvements du bébé dans son ventre, ni les contractions utérines, ni le passage d'un corps à travers son propre corps ? Il encourage comme il peut, souvent maladroitement. Il peut être impressionné, gêné, voire choqué, bouleversé, confronté à une expérience unique d'impuissance. Certains prennent la fuite, pour de vrai ou en s'évanouissant.

**Qu'attend donc sa compagne ?** Peut-être, tout simplement, qu'il soit témoin. Témoin de sa force, de son extraordinaire pouvoir de mettre au monde une autre vie initiée à deux. La sage-femme va lui mettre dans les bras cette petite chose chaude qui remue. Il va la porter gauchement jusqu'à la balance. Il va l'adopter, y reconnaître « son » enfant, plus ou moins facilement selon ce que signifie pour lui « être père ». **Maintenant qu'il est né, ce bébé n'est plus l'exclusivité de sa mère, même si sa place reste prépondérante.** Il va commencer à « comploter » avec lui, à l'emmener seul pour lui mettre sa première couche. Instant mémorable que ce premier change bien maladroit où il se retrouve seul face à son bébé ! Qui lui accorde sa confiance même si, en se débattant, il ne lui facilite pas la tâche ! Il revient à la chambre en disant : « On a réussi ! »

Dès lors, on le retrouve partout : pour le bain, pour d'autres changes (il y en a souvent !), pour solliciter de l'aide quand son bébé veut téter, quand il pleure. Ou bien avec un plat à réchauffer au micro-ondes, à la recherche d'un vase pour des fleurs… Il peut prendre très à cœur son rôle de protecteur de la famille. **Très vite, il va découvrir le pouvoir qu'il a pour calmer son bébé.** On les retrouve tous deux endormis dans un fauteuil, le bébé sur la poitrine de son papa.

## Les premiers bains à la maternité

**Pourquoi laver un bébé ?** Il n'est pas sale, ne fait rien de salissant, sauf dans la couche qu'on change à longueur de journée. Un bébé, ça sent bon ! Une fois qu'il est sorti du liquide amniotique, sa peau sèche au contact de l'air, devient pelucheuse et même écailleuse. Parfois, s'il est très avancé en terme, elle s'en va en lambeaux comme une mue. Ses mains et ses pieds sont tout plissés, puis crevassés. Lavage et savonnage ne font qu'aggraver la situation. Alors on met de la crème ou de l'huile ! Comme pour les mamans, une eau trop calcaire ou chlorée irrite, il faut donc en user avec prudence.

Les premiers jours, sa frilosité rend pénible le déshabillage et les salles de bains des maternités font des chorales dissonantes à longueur de matinée. **Le moment où il est dans l'eau peut être agréable, mais l'avant et l'après doivent être écourtés, et le savonnage réduit au minimum.** Les auxiliaires de puériculture, initiatrices bienveillantes, enseignent comment procéder aux différents soins. La détente du bébé et la vigilance des parents sont nécessaires pour rendre cette séance profitable. Aussi faut-il trouver le meilleur moment pour cette cérémonie du bain et ne pas s'y retrouver propulsés en automates juste après une nuit bousculée et bien trop courte.

## Deux vitamines pour aider bébé à bien démarrer dans la vie

Une fois rhabillé, le bébé reçoit sa dose quotidienne de vitamine D. Celle-ci facilite l'absorption du calcium et sa fixation sur les os. Elle peut être naturellement synthétisée dans la peau sous l'influence du soleil. Mais dans les pays où l'ensoleillement est insuffisant et où la température oblige à vivre habillé, elle manque aux âges de croissance rapide. L'antique huile de foie de morue est remplacée de nos jours par des solutions en gouttes ou en pipette, plus facilement acceptées.

De la vitamine K est aussi préconisée pour conjurer des troubles de coagulation autrefois responsables d'accidents hémorragiques sévères. Elle sera donnée le ou les premiers jours, le temps que les bactéries intestinales qui nous la fournissent soient bien implantées dans le côlon. Si son utilité n'est pas clairement démontrée pour la plupart des bébés, elle est indispensable après un traitement antibiotique, à cause des perturbations qu'il occasionne sur la flore digestive.

Quant au fluor, sa prescription est désormais reportée à plus tard pour éviter un surdosage aux effets irréversibles.

# Au rythme de bébé... un coup à prendre !

« **Quand va-t-il être "réglé" ?** » demandent souvent les jeunes parents après deux ou trois nuits sans dormir. « Il confond la nuit et le jour », ajoutent-ils. Rien n'est moins vrai. Il ne confond pas : il sait que le jour, c'est quand il y a du monde autour de lui. C'est rassurant et il dort sereinement. À l'inverse, le soir, tout semble s'arrêter : plus de bruits, plus de lumière, le monde s'est soudain vidé. Et par malchance, c'est à ce moment-là qu'il a le moins sommeil.

En effet, dans les dernières semaines de la grossesse, c'est le soir, au moment où sa maman s'allongeait, qu'il pouvait bouger plus facilement et jouer à « trouve mon pied » avec ses parents. Ce moment d'éveil est inscrit dans ses rythmes biologiques et ne peut pas changer du jour au lendemain. C'est d'abord la mise en route de sa digestion qui dictera le rythme des repas. Sans qu'on ait besoin de l'influencer, il en viendra assez vite à réclamer toutes les trois à quatre heures en moyenne. Tantôt plus, tantôt moins, selon les moments. Puis, au fur et à mesure qu'il découvrira le monde, s'installera l'alternance jour/nuit.

**Mais le temps qu'il faut pour en arriver là est très variable. Il est habituel de rappeler aux mamans que « les nuits de huit heures ne sont pas pour demain ».** Alors, pour survivre, il faut le suivre et dormir quand il dort. À cela, deux obstacles : ne pas être dérangée et savoir accueillir le sommeil, même en plein jour. Une femme de nature active a pris l'habitude de résister au message que lui envoie son cerveau quand il a besoin de faire une pause.

Ce message s'appelle « coup de barre » et s'accompagne de bâillements, de perte de vigilance. Elle relit plusieurs fois la même page, elle n'entend plus ce qu'on lui raconte... Quand elle conduit sa voiture, elle est attentive à ces signes qui avertissent qu'elle risque de s'endormir. Mais si elle ne doit pas s'endormir au volant, pourquoi s'en empêcher dès les premiers jours, quand elle doit de toute façon rester dans une chambre de maternité ?

Encore faut-il que ce moment soit respecté, aussi bien par le personnel soignant que par les visiteurs. Ces gens à qui l'on fait parfois des sourires forcés en ne souhaitant qu'une chose : qu'ils s'en aillent. Fiers de leur bébé, les jeunes parents trouvent normal d'être envahis dès le début de l'après-midi par la famille et les amis. Tous très gentils, mais qui ne se rendent pas toujours compte qu'ils sont dans une chambre à coucher, un endroit intime où l'on n'entre pas comme chez soi et où l'on ne s'installe pas des heures. C'est au père qu'il revient de protéger la tranquillité de sa famille. Mission diplomatique de haut vol s'il en est !

## Les soins et les examens : nécessaires mais dans le respect de bébé !

Si les maternités sont dans les hôpitaux, c'est pour des raisons de sécurité et de facilité. Quand les choses se compliquent, il est heureux d'avoir à proximité des médecins et les appareils nécessaires.

Mais mettre un bébé au monde n'est pas comme se faire retirer la vésicule biliaire. Et la vie à la maternité n'a aucune raison d'être organisée comme dans un service de chirurgie. Il y a dans chaque chambre une famille toute neuve en train de se découvrir. Elle a besoin d'intimité et de calme. Les soignants doivent se sentir invités à participer à cet événement, chaque fois unique, qu'est la naissance d'un petit d'homme. Leur quotidien est fait d'instants extraordinaires pour d'autres : ils n'ont pas le droit de les banaliser en tombant dans la routine. Il n'est pas normal non plus d'imposer des soins à contretemps. Si la maman ou le bébé sont en train de se reposer, on peut attendre.

**Pour le pédiatre de la maternité, rencontrer un bébé dans le calme est indispensable pour que l'examen soit agréable et contributif.** Contrairement à une consultation en cabinet, ses patients sont sur place 24 heures sur 24 : il peut saisir le bon moment pour accomplir sa mission. Il doit, au premier jour, vérifier que le bébé est bien fait, qu'il ne présente aucune anomalie. Mais il peut surtout expliquer aux parents tout ce que le bébé peut réaliser. Soit par réflexe, comme la marche automatique, soit de façon plus élaborée.

Installé en position assise et bien maintenu, le bébé se détend et s'ouvre au contact, suit du regard et parfois sourit, sous l'œil étonné de ses parents. **Avant le départ à la maison, le pédiatre devra constater que le nourrisson se nourrit efficacement, qu'il digère et élimine.** Tout au long du séjour, même s'il est court, toute l'équipe apprécie son évolution, les soins donnés et la façon dont s'élaborent les liens avec son entourage.

# Frères/sœurs : l'apprentissage du partage

**La naissance d'un petit frère ou d'une petite sœur est un événement majeur de la vie.** Les parents le savent bien, puisqu'ils s'appliquent à « préparer » la rencontre parfois des mois avant. Préparation qui leur sert surtout à eux, car un jeune enfant est longtemps incapable de faire le lien entre le bébé dans le berceau et le ventre de maman qu'il désigne encore en disant : « Bébé ! »

Il est urgent qu'il fasse connaissance avec celui qui lui prend sa place de petit et, s'il est l'aîné, lui enlève l'exclusivité de ses parents. **Inutile de retarder cette prise de contact sous prétexte de fièvre ou de rhume : vos enfants sont appelés à vivre ensemble et à mettre leurs microbes en commun.** Mais si la chambre est partagée, on évitera d'aller tousser sur le bébé voisin. Les établissements qui interdisent les visites aux moins de 15 ans manquent de la plus élémentaire psychologie. Seules quelques maladies épidémiques (varicelle, bronchiolite), dangereuses pour les nourrissons, demandent plus de précautions.

La coutume se répand de faire offrir un cadeau par le nouveau-né. L'aîné l'acceptera volontiers, trouvant très gentil ce bébé aux pouvoirs de Père Noël. Mais comment accepter que tous ces gens qui auparavant le couvraient de bisous dès qu'ils arrivaient ne semblent plus le voir aujourd'hui ? Ce berceau capte trop l'attention ! Il ne faut pas longtemps pour qu'il cherche à se faire remarquer par tous les moyens, même les moins appréciés, au risque de se retrouver grondé ou puni. Il est clair alors que plus rien n'est comme avant : ce bébé dérangeant, ne peut-on s'en débarrasser ? En adaptant la durée des visites à sa tolérance, on évitera qu'il cherche à tout démonter dans la chambre et qu'il hurle en partant dans le couloir, laissant derrière lui une maman déconfite qui se sent coupable d'avoir trahi son « bébé d'avant ».

## À lire...

▶ Leboyer (Frédérick), *Pour une naissance sans violence*, Seuil, coll. « Points ; Essais », 2008.

▶ Liedloff (Jean), *Le Concept du continuum : à la recherche du bonheur perdu*, Genève, Ambre, 2006.

▶ Piraud-Rouet (Catherine) et Sampers-Gendre (Emmanuelle), *Attendre bébé... autrement*, Sète, La Plage, 2008.

# Un bébé bien nourri

# Allaiter, c'est **bon** pour les **bébés** !

*Par Dominique Leyronnas, pédiatre néonatalogiste*

**V**otre lait apporte à votre bébé les plus grandes satisfactions gustatives et affectives, ainsi que des bienfaits inégalables pour sa santé. Toutefois, le démarrage de l'allaitement n'est pas toujours aussi simple qu'on l'imagine. L'engagement qu'il demande peut faire hésiter et préférer le biberon.

**Quoi de plus naturel qu'allaiter son bébé ?** Comme les autres petits mammifères, le petit d'homme est programmé pour se nourrir au sein de sa mère. Mais bien que ce soit naturel, en avoir l'intention ne suffit pas toujours. Tous les apprentissages se font par l'imitation de ce qu'on a vu, et ne pas avoir vu de femme donner le sein est un handicap pour une jeune mère qui désire allaiter. Cette situation est désormais fréquente dans nos sociétés occidentales où les familles sont moins nombreuses et plus dispersées.

**Pour cette raison, les débuts de l'allaitement gagnent à être accompagnés.** Dans les cultures traditionnelles, ce sont les femmes de l'entourage qui jouent ce rôle. Elles sont remplacées dans nos maternités par les puéricultrices, les auxiliaires puéricultrices et les sages-femmes. Toutes les femmes peuvent allaiter. Tous les seins, quels que soient leur forme ou leur volume, peuvent nourrir efficacement un bébé. L'inquiétude de l'inexpérience doit être remplacée par la confiance, confiance en la nature et en la compétence qu'elle donne au corps de la femme. En trois jours, une mère devient nourrice. Ces trois jours sont inscrits dans les rythmes biologiques : c'est le délai de la montée laiteuse. Pendant que le bébé prépare sa digestion, sa maman prépare sa lactation.

**Idéalement, une femme qui a son premier bébé ne devrait pas quitter la maternité avant sa montée laiteuse.** Ce n'est qu'après un intervalle de trois jours (72 heures) après la naissance qu'on peut constater qu'un bébé se nourrit efficacement et digère correctement. La reprise de poids ne fait que confirmer ce qu'on aura déjà observé : le gonflement des seins, l'assiduité à téter et la satisfaction qui suit.

Les conditions favorables au bon déroulement d'un allaitement sont bien connues. Elles font même l'objet de recommandations de l'Organisation mondiale de la santé (OMS). Leur mise en application est beaucoup plus aléatoire et notre mode de vie n'y aide pas.

## La première tétée : un point de repère essentiel...

**Dans l'heure qui suit la naissance, le bébé, posé sur le ventre de sa mère, va se mettre tout seul à la recherche du sein.** Il dispose pour

cela d'un repère fort : une odeur, celle du liquide amniotique dont il est encore imprégné. Ce bébé n'a jamais vu de sein et il serait bien incapable de se servir de ses yeux pour le trouver. **Mais une sécrétion du mamelon émet la même odeur que le liquide amniotique.** C'est un point d'appel vers lequel il va se diriger en poussant sur ses jambes, en rampant afin d'« escalader » le ventre de sa mère pour atteindre le sein. **Au contact du sein, sa tête et sa bouche vont se tourner à droite et à gauche jusqu'à attraper le mamelon.**

Tout ce scénario, qui se déroule vers la fin de la première heure de vie, est une étonnante programmation naturelle qui montre encore une fois à quel point la nature a tout prévu. Car, s'il est habituel, dans nos maternités, de « mettre le bébé au sein », qu'en est-il des autres petits mammifères ? Il est souhaitable de respecter ce déroulement spontané car il permet au bébé de prendre conscience de son besoin et de chercher lui-même la réponse. Le cordon coupé, un signal l'avertit qu'il n'est plus ravitaillé par sa maman et qu'il doit trouver un moyen de se nourrir dans cette nouvelle vie.

**Cette première tétée est donc un point de repère essentiel,** l'amorce d'une relation physique dont sa survie dépend (si l'on exclut toute assistance extérieure). Le moment de cette première tétée est déterminé ; après une heure et demie de vie, le processus de recherche ne se fait plus. C'est pourquoi toute séparation à la naissance ne peut se justifier que pour des raisons sérieuses. De même, un bébé trop tôt lavé et habillé perd l'odeur et le contact qui lui sont nécessaires pour aller trouver le sein.

# À la demande !

Cette expression fait peur, parfois, tant elle est ressentie comme une perte de liberté de la mère, un asservissement au bébé. Mais il faut être clair : dès le début de la grossesse, une femme est soumise à son bébé. Son corps est transformé, son comportement modifié, son sommeil et ses repas sont perturbés, toute sa vie est changée en mieux ou en moins bien.

**Une fois né, le bébé n'est séparé de sa mère qu'en apparence. Il reste totalement dépendant d'elle pour ses besoins vitaux. Et c'est lui qui sait quand et de quoi il a besoin.** Prétendre lui imposer nos conceptions est aussi présomptueux qu'illusoire. Toute maman qui a essayé de « faire boire » son bébé à un moment où il n'y était pas disposé a compris qu'elle perdait son temps. On ne peut obtenir d'un bébé qui dort que quelques succions réflexes, mais pas plus. De même que le plus gourmand d'entre nous, s'il est sorti malgré lui de son sommeil profond, boudera son plat préféré. Et c'est normal, car sommeil et appétit suivent un rythme biologique sur lequel on a peu de prise.

## Qu'en est-il des rythmes du nouveau-né ?

▶ **On observe qu'il dort beaucoup le premier jour,** plus précisément dans les dix à douze heures qui suivent la naissance. C'est un temps de récupération et d'adaptation. S'il se manifeste, c'est d'abord pour être rassuré, pour retrouver la trace de sa maman, son contact, son odeur. Pour répondre à cette demande, existe-t-il une meilleure place que le sein ? Le croyant enfin affamé, sa maman lui offre le sein. Il s'en saisit avidement, tète trois coups et s'endort. Elle conclut, dépitée : « Il n'avait pas faim, c'était pour jouer… »

Rien de plus faux que ce diagnostic ! Trouver le sein était pour ce bébé une urgence. Quand il l'a trouvé, la magie maternelle a opéré et il s'est aussitôt apaisé. Le besoin de sécurité prime sur celui de nourriture. Qui a faim quand il se sent en danger ? Qui déguste avec plaisir en un lieu où il n'est pas à l'aise ? Pour avoir faim, ce bébé doit se trouver bien là où il est. Tout l'entourage familial et soignant doit d'abord lui procurer une sensation d'accueil bienveillant digne du meilleur hôtel ou club de vacances.

▶ **Le deuxième jour, il dort moins et réclame plus souvent.** Il serait plus juste de dire la « deuxième nuit », car le moment où il est le plus éveillé et actif reste souvent le même qu'en fin de grossesse, à savoir en soirée et en début de nuit. Sa demande est alors exigeante, mais peu insistante. La plupart du temps, il s'arrête après quelques minutes alors qu'il réclamait fort. C'est déroutant pour une maman qui se dit qu'enfin, il va bien téter. Mais c'est seulement logique : il puise ce qui vient facilement, quelques gorgées de colostrum. Quand il constate que plus rien ne vient, il s'endort, satisfait jusqu'à la prochaine fois.

Si, du fait des circonstances de la naissance (accouchement difficile, césarienne imprévue, complication maternelle, séparation), ce bébé est tendu et pleure beaucoup les premiers jours, il va se trouver assoiffé et ce qu'il prendra au sein ne lui suffira pas. Il tétera longtemps sans être satisfait et continuera de réclamer. Le pédiatre pourra alors être contraint de lui prescrire un complément très transitoire pour lui permettre de tenir jusqu'à la montée laiteuse. Mais cette situation devrait être exceptionnelle : une bonne compréhension de ses besoins initiaux doit l'éviter.

▶ **Enfin, le troisième jour, arrive la montée laiteuse,** annoncée par différentes sensations : chaleur, tension, lourdeur, fourmillement dans les seins. Ce peut être plus tôt quand ce n'est pas un premier allaitement. Certaines femmes disent ne rien sentir de particulier, du moins au début. En revanche, le comportement du bébé est éloquent : au lieu de capituler comme la veille après quelques succions, il peut téter dix à vingt minutes. Après cela, il semble tellement heureux que l'on s'attend à ce qu'il dorme trois ou quatre heures. Tout au contraire, il redemande une ou deux heures après ! Son ventre gargouille, il émet des gaz odorants et parfois se tortille en hurlant, exprimant par là qu'un événement nouveau et dérangeant se produit en lui : la digestion.

# Bébé boit-il assez ?

▶ **Dois-je craindre pour sa santé s'il ne tète pas dès les premières heures ?**

Lorsqu'un bébé est né à terme et suffisamment potelé, il n'y a aucune raison de s'inquiéter. D'abord parce qu'il est né avec des réserves énergétiques : dans les dernières semaines de grossesse, il a accumulé de la « graisse brune », carburant très accessible qui lui permet de tenir deux ou trois jours de diète. Et, peu avant sa naissance, il a aussi fait des réserves d'eau dans le même objectif. Bien sûr, il faut éviter de gaspiller ces réserves. Dès qu'on laisse un nouveau-né avoir froid ou trop chaud, pleurer et s'agiter, il puise sur ses réserves. Il risque alors d'avoir du mal à attendre l'heure de la montée laiteuse.

▶ **Comment savoir si un bébé est dans le besoin ?**

Tout simplement parce qu'il le dit haut et fort ! Le besoin fait naître chez lui une tension interne qu'il exprime vigoureusement par des cris qui ne passent pas inaperçus. Seul un bébé malade peut manquer sans le dire. Mais celui-ci sera surveillé d'une autre façon.

▶ **Le biberon de complément est-il à proscrire dans tous les cas ?**

Si, en raison de circonstances particulières liées à la naissance (accouchement difficile, césarienne imprévue, complication maternelle, séparation), ce bébé est tendu et pleure beaucoup les premiers jours, il va se trouver assoiffé et ce qu'il prend au sein ne sera pas suffisant. Il tétera longtemps sans être satisfait et continuera de réclamer. Le pédiatre pourra alors lui prescrire un complément très transitoire, pour lui permettre de tenir jusqu'à la montée laiteuse.

## Que penser des crises de coliques ?

Elles sont un phénomène naturel et transitoire, soulagé par l'émission des premières selles « de lait ». **Des massages du ventre, une position regroupée jambes fléchies en grenouille, dans les bras ou ventre à ventre, peuvent le détendre et activer son transit.** Pour convaincre son bébé que ça va passer, il faut en être soi-même convaincue. Mais est-il facile d'être une maman rassurante quand on ne réussit pas à calmer son bébé qui souffre ? On peut toujours lui proposer le sein. En plus de son effet apaisant, un bon réflexe intestinal fait que la tétée déclenche souvent l'émission de selles. Raison pour laquelle il est inutile de changer la couche avant la tétée, surtout si le bébé réclame déjà fort.

## À chaque souci de démarrage, sa solution !

Ainsi narrée, l'histoire de l'allaitement paraît simple. Pourquoi alors tant d'incertitude et de récits de mamans déçues de n'avoir pas trouvé leurs repères dans cette aventure ? Nous allons voir comment il est si facile de compliquer ce qui est simple !

Peut-on imaginer un « échec d'allaitement » chez une maman zèbre, antilope ou chèvre ? Non, ça marche parce que ça doit marcher, car aucun secours n'est possible. Toutes ces mamans de la nature se laissent faire sans y penser. Et ça se fait tout seul, comme la grossesse se déroule d'elle-même.

# Pourquoi allaiter peut être difficile au début

## Le doute et la fatigue

Le premier jour, quand le bébé dort, sa maman a aussi besoin de récupérer. Mais souvent, elle ne le fait pas et accumule de la fatigue. Aussi, la troisième nuit, quand le bébé veut toujours être au sein parce qu'il trouve délicieux ce lait qui coule, sa maman ressent toute la fatigue des jours précédents et supporte difficilement l'exigence de son bébé.

Devant cette activité débordante et soudaine, certaines mamans sont inquiètes. Certes, elles sont contentes de voir leur bébé téter enfin, mais les cernes sous leurs yeux disent que l'épuisement est proche. Heureusement, cette « java » ne dure pas. Après avoir fait le plein, le bébé rassuré va se ranger doucement à un rythme plus tolérable. En quelques jours, il tétera toutes les trois à quatre heures, parfois plus, parfois moins, selon les aléas de son ventre et de sa digestion. Et sa maman retrouvera un peu de disponibilité. Si l'on accepte de lâcher prise et de se laisser guider par son bébé, si l'on épouse très vite son rythme en dormant quand il dort, tout peut être simple.

## Les contractions

Allaiter n'est pas toujours confortable, surtout au début. Quand on évoque les contractions de l'accouchement, on sait depuis toujours que cela fait mal, que c'est normal que cela fasse mal. Mais ces contractions sont indispensables pour que le bébé puisse naître et elles s'arrêteront lorsqu'il sera là.

Quand on pense à son bébé au sein, on se représente un instant de douceur, de tendresse et de plaisir partagé. On ne s'attend pas du tout à avoir mal ! **Or la stimulation du sein déclenche la sécrétion d'ocytocine, hormone qui provoque à la fois l'écoulement du lait et des contractions utérines appelées tranchées.** Ces contractions, qui arrivent hors de leur contexte, peuvent surprendre. Aussi est-il habituel de donner un antispasmodique pour les rendre moins gênantes. Elles disparaissent au cours des premiers jours.

## Les crevasses

Le mamelon, zone fragile et sensible, source de plaisir, peut souffrir d'être mordillé et mâchonné plusieurs fois par jour par un bébé qui se raccroche à sa mère. Il se retrouve alors fragilisé et irrité. **Des gerçures peuvent apparaître, plus souvent appelées crevasses, qui peuvent saigner. Cette étape pénible est passagère.** Après quelques jours, le mamelon s'est renforcé et la succion du bébé devient différente.

## De bons conseils peuvent limiter cet inconfort

▶ **Essayez, dès les premières tétées, d'adopter une bonne position de mise au sein** qui permette au bébé d'engloutir le plus largement possible le mamelon sans tirer dessus. Ce n'est possible que s'il arrive bien en face, ventre à ventre, le menton planté dans le sein, ce qui laisse son nez respirer librement au-dessus. L'équipe soignante de la maternité est là pour aider chaque maman, chaque bébé à trouver la position qui lui convient le mieux en respectant ces règles de base.

▶ **Les positions sont sans limites.** Il faut tenir compte du volume de la poitrine, des difficultés à bouger (césarienne) ou à s'asseoir (même sans épisiotomie), du côté préféré du bébé (celui adopté dans l'utérus). **Une fois que bébé et maman ont pris leurs repères, une étape importante est franchie et les risques de crevasses s'éloignent.** Si elles apparaissent malgré tout, le plus simple remède est de laisser les seins à l'air, sans contact ni humidité, enduits d'une crème cicatrisante (chaque maternité a son produit miracle...).

▶ **L'arrivée du lait, en modifiant la façon de téter, apporte un réel soulagement.** À ce moment-là, en effet, l'afflux de lait peut dépasser ce que le bébé est capable d'avaler. Il est donc contraint de téter plus lentement, avec des mouvements de bouche plus lents pour avoir le temps de déglutir. De ce fait, la pression sur le mamelon est moins forte et mieux répartie.

## L'engorgement

**Autre inquiétude : l'engorgement des seins,** souvent assimilé à la montée laiteuse, au point que certaines mamans doutent d'avoir du lait si elles n'ont pas les seins douloureux ! Pourtant, il n'y a rien d'obligatoire, chacune ayant sa propre réaction au pic hormonal de prolactine (l'hormone qui permet la fabrication du lait). Sans faire de discrimination, force est de constater que plus les seins sont initialement volumineux, plus l'expansion de la glande sera facile. À l'inverse, les petits seins peuvent se retrouver assez vite tendus.

**L'engorgement proprement dit est une congestion excessive qui rend les seins durs, douloureux et bloque l'écoulement de lait.** Le bébé affamé se jette sur le sein, mais après quelques efforts de succion, il se rejette en arrière en protestant, car rien n'arrive. Sa maman, qui sent ses seins tendus, ne comprend pas ce qui se passe et cette confrontation prend facilement une allure dramatique. Mieux vaut éviter d'en arriver là en permettant au bébé de téter aussi souvent que possible sans aucun regard sur la montre. Lui seul connaît l'état de son estomac ; lui seul, pour l'instant du moins, détermine la durée et l'espacement des tétées. Tout autre conseil est inadapté et fait courir le risque d'engorgement.

**Si, malgré cela, la montée laiteuse se montre envahissante, l'application d'eau chaude ou froide réduit la congestion et redonne du confort. On peut y associer ponctuellement un « massage aréolaire »,** dont la démonstration sera faite par le personnel de la maternité. Sous cette jolie formulation se cache le mot « traire », qui consiste à faire couler le lait en reproduisant manuellement ce que fait le bébé avec sa bouche. Après quelques minutes, le sein commence à couler librement, le mamelon un peu dégagé est plus facile à saisir et la tétée est un soulagement pour l'un et l'autre.

# Le lait de la mère : le meilleur aliment possible pour bébé

La composition du lait maternel répond aux besoins nutritionnels du bébé à différents moments. Elle évolue au cours des quinze jours qui suivent l'accouchement : colostrum peu abondant et très assimilable les trois premiers jours ; puis lait de transition très riche, qui vient avec la montée laiteuse et répond à l'avidité d'un bébé qui a épuisé ses réserves ; enfin, lait mature vers la fin de la deuxième semaine, abondant et plus clair. La proportion en eau, sucres, graisses et protéines varie au cours de la journée et au cours de chaque tétée : le lait est plus désaltérant au début, plus gras à la fin. D'où l'importance de ne pas suspendre trop tôt la tétée sur un même sein. Enfin, si le bébé est né prématurément, le sein répondra à ses besoins spécifiques par une formule adaptée.

Les protéines que contient le lait maternel sont plus rapidement digérées. De plus, ce sont des protéines humaines et non de vache comme dans les laits industriels, responsables d'allergies. Il apporte des facteurs immunitaires, particulièrement abondants dans le colostrum : anticorps, cellules immunocompétentes (macrophages et lymphocytes), facteurs antibactériens directs et indirects.

Tout cet arsenal qui s'installe dans l'organisme assure une protection qui diminuera l'incidence des infections et des allergies. Cela est d'autant plus vrai que l'allaitement sera prolongé au-delà de trois mois, idéalement six mois. Des éléments minéraux tels que le calcium et le fer bénéficient de conditions d'assimilation idéales. Enfin, on y trouve des enzymes, des facteurs de croissance, des facteurs hormonaux… soit un grand nombre d'éléments impossibles à reproduire dans un lait artificiel.

# L'allaitement, source de fatigue pour les mamans ?

Il est vrai que les tétées sont plus fréquentes que les biberons, le lait maternel étant plus vite digéré. Mais elles ont aussi un effet somnifère et induisent un sommeil de qualité particulière, qui permet une récupération rapide.

# Besoin de succion, tétine et petit doigt : faut-il craindre des dérapages ?

La relation entre besoin de succion et faim est source de beaucoup de confusion dans l'esprit des jeunes parents et même de nombre de soignants. **La succion est un plaisir en soi. Ce plaisir conduit le bébé à rechercher le sein ou le biberon, le guide vers sa nourriture.** C'est un moteur que la nature a voulu puissant pour permettre la survie de l'individu. Comme plus tard la sexualité, moteur non moins puissant, conduit à la perpétuation de l'espèce. On observe qu'après avoir tété quelques minutes, quoi que ce soit, un bébé devient plus détendu, même s'il n'a rien avalé.

Le même effet se retrouve quelques années plus tard quand on passe sur un chewing-gum ou une cigarette l'énervement provoqué par une personne ou une situation. Les scientifiques ont montré que téter déclenche la production d'endorphines. La présence d'un goût sucré dans la bouche aussi. Les deux associés, c'est encore plus fort. On peut appeler cela l'« effet bonbon ». **Quand un bébé est saisi d'angoisse face à un environnement inconnu, l'alliance du contact maternel, de la succion et de quelques gorgées de liquide sucré est le meilleur apaisement.** Faire diversion en lui donnant autre chose à téter ne se conçoit que s'il a déjà eu droit à ce premier réconfort.

**C'est pourquoi la tétine à cet âge appelle quelques réserves.** D'abord, si elle est utilisée comme un moyen de tenir à distance un bébé inquiet. Ensuite, parce qu'elle fausse la succion des bébés allaités en leur apprenant à mâchonner, ce qui, sur le sein, n'est jamais apprécié des mamans ! Enfin, parce que, introduite à un moment où le nourrisson prend ses repères, elle peut créer une accoutumance, voire une réelle dépendance dont, devenu jeune enfant, il aura bien du mal à se libérer.

## L'allaitement... côté maman

Passé les difficultés initiales, l'allaitement peut devenir vite gratifiant. Le plaisir physique qu'on en tire est très personnel et différent d'une femme à l'autre. Rien à préparer, rien à acheter, l'allaitement est économique en temps et en argent. En voyage, en déplacement ou en visite, il simplifie la vie car il n'y a rien à prévoir, rien à emporter. On peut donner le sein n'importe où, en toute discrétion. Il suffit pour cela de trouver un endroit un peu à l'écart, au calme, et d'avoir une tenue vestimentaire adaptée... ce qui n'interdit pas l'élégance !

## Que doit-on manger quand on allaite ?

Ce qu'on aime, à sa faim. Le bébé connaît déjà les goûts de sa mère, il suivra. Bien sûr, il est souhaitable de respecter un minimum d'équilibre diététique. Mais toutes les mamans du monde y arrivent par des chemins différents. Comme pendant la grossesse, une maman allaitante partage tout avec son bébé. Qu'elle boive ou qu'elle fume, il y participe. Elle aura d'elle-même le souci de ne pas l'intoxiquer. Mais, parfois, une cigarette ou un verre de vin peuvent être bénéfiques par la détente qu'ils procurent.

## Je ne souhaite pas allaiter, suis-je une mauvaise mère ?

**On n'allaite pas parce que c'est bon pour la santé du bébé.** Pas plus pour faire plaisir à son compagnon ou parce que c'est à la mode. Le choix d'allaiter ou de ne pas allaiter vient plus d'une sensation profonde, d'un élan, que d'une décision ou d'une raison. Une femme se « sent » allaitante ou non. Bien sûr, vous pouvez dire que vous avez réfléchi et choisi. Vous pouvez vous en persuader et tenter d'en persuader votre entourage. Viendra un moment où l'authenticité de votre choix sera éprouvée.

Cela est valable dans les deux sens. Une maman qui n'a pas envisagé d'allaiter peut se trouver séduite par son bébé qui cherche le sein. Plus fréquemment, la jeune maman qui a choisi l'allaitement recule son sein quand la petite bouche approche. Dans ce cas, il n'est pas bon, ni pour soi ni pour le bébé, de se « forcer ». Le désir d'allaiter ou non vient de toute votre histoire : il vous dépasse complètement. Il renvoie à votre naissance, à la façon dont vous avez été nourrie, à la relation que vous avez avec votre propre mère.

Entrent aussi en jeu votre personnalité, le rapport que vous avez avec votre corps. Autant d'influences que vous recevez malgré vous et que vous ne maîtrisez pas, quand bien même vous le voudriez. Si vous n'en tenez pas compte, votre bébé sera témoin de ce conflit interne, il le ressentira et exprimera ce que vous cachez en repoussant le sein. Il attendra que vous soyez honnête avec vous-même, que vous vous libériez d'une fausse obligation. Quand vous capitulerez, la montée laiteuse ne voulant pas arriver, et que vous lui offrirez un biberon, il le dévorera de bon cœur. Vous comprendrez alors qu'il vous montre le chemin et tout deviendra plus simple.

**Par chance, nous disposons à l'heure actuelle d'aliments de substitution de mieux en mieux élaborés pour nourrir un bébé autrement qu'au sein.** Les laits premier âge respectent une réglementation exigeante et cherchent à répondre le mieux possible aux besoins nutritionnels des bébés. Votre bébé peut y trouver son bonheur.

Toutefois, la prudence s'impose s'il existe des antécédents allergiques dans la famille car ces « laits », fabriqués à partir de lait de vache, peuvent ne pas être bien tolérés. On aura alors recours à des laits de régime. De même, s'il apparaît des troubles digestifs persistants, le pédiatre référent (celui qui suit votre bébé) saura proposer en temps utile un ajustement du régime. Mais attention à ne pas chercher dans un changement de lait une réponse qui est ailleurs.

Le mode d'emploi de cet allaitement artificiel est simple. Le lait est reconstitué à partir de poudre. L'eau habituellement recommandée est une eau minérale « de montagne », à la formule équilibrée,

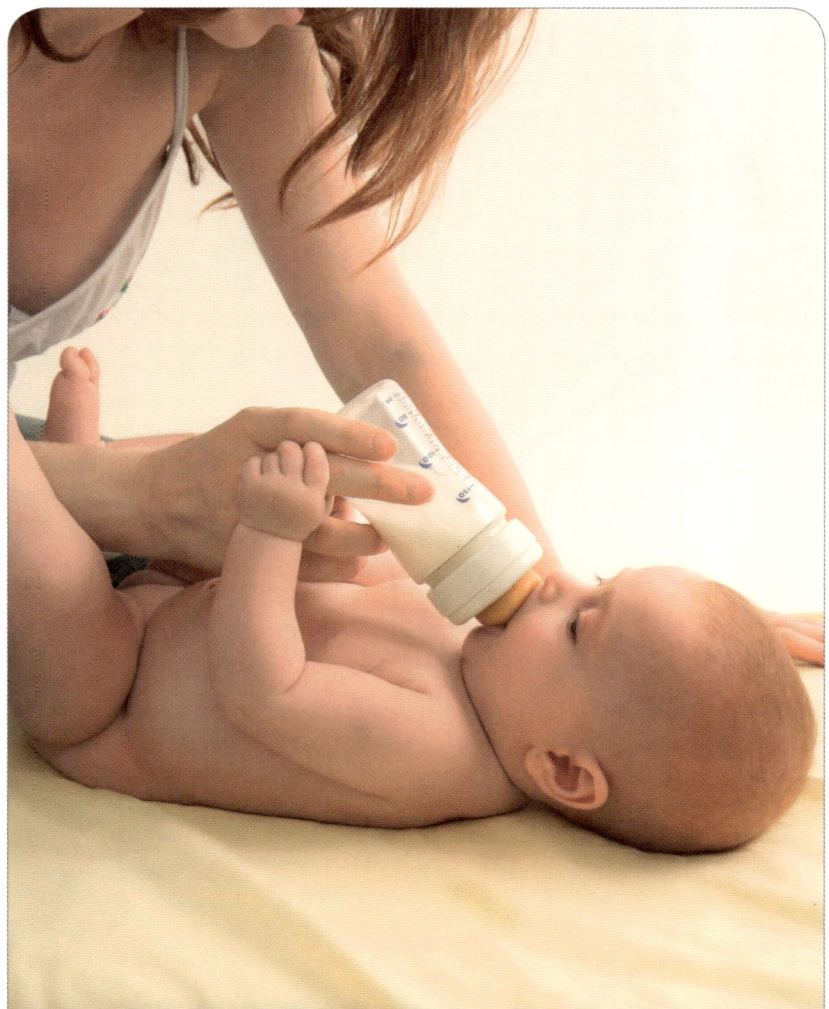

mais l'eau du robinet peut suffire. Les biberons n'ont pas besoin d'être stérilisés : dès la naissance, le bébé entre dans un monde microbien. Il suffit de les rincer à l'eau chaude savonneuse aussitôt après usage, avec un goupillon, puis de les mettre à égoutter sur une surface propre.

**Quelques écueils sont à connaître quand un bébé est au biberon. Les deux premiers jours,** son besoin de téter lui fait avaler plus de lait qu'il ne peut encore en digérer. Il aura donc tendance à rejeter facilement l'excédent, sans que ce soit un signe inquiétant. En utilisant des tétines qui offrent plus de résistance, le lait coulera moins vite. **Au troisième jour,** il se met soudain à boire beaucoup plus, tout comme au sein. Il n'y a rien d'effrayant à cela.

# Si je tombe malade, dois-je stopper l'allaitement ?

Si vous tombez malade, il faut savoir que la plupart des médicaments usuels sont aussi prescrits aux bébés en cas de besoin. Plutôt que d'inciter à suspendre l'allaitement, le médecin consulté doit adapter sa prescription.

# Allaiter abîme-t-il les seins ?

Pendant l'allaitement, les seins gonflent et se vident au rythme du bébé, toujours prêts à servir où qu'on se trouve. Le changement de volume des seins effraie certaines femmes. D'autres, au contraire, sont ravies d'avoir enfin des formes plus généreuses. Quoi qu'il en soit, les tissus sont sollicités et il faut veiller à un bon soutien pour qu'ils retrouvent leur forme par la suite.

# Biberons : sans bisphénol A, c'est mieux !

Le bisphénol A (ou BPA) est un produit chimique qui entre dans la composition d'un certain nombre de plastiques, dont le polycarbonate. Or la plupart des biberons vendus en France sont encore, à ce jour, à base de polycarbonate. Une fois ces biberons chauffés, cet œstrogène de synthèse se retrouverait dans le lait qui est absorbé par les bébés. L'inconvénient est loin d'être négligeable, si l'on sait que le BPA peut être à l'origine d'un dérèglement hormonal et entraîner diverses conséquences nocives pour la santé : puberté précoce chez les petites filles, cancer du sein et de la prostate, déficit de l'attention et hyperactivité, obésité…

Les Canadiens ont, les premiers, pris le danger au sérieux. Ils ont interdit ces biberons sur leur territoire en 2008. Les principaux fabricants américains ont également décidé de supprimer toute trace de BPA dans leurs produits. En France, les biberons en polypropylène, une matière incassable garantie sans BPA, se développent. La plupart des marques en proposent dans leur gamme. Certaines, comme Born Free ou Green to Grow, s'étant spécialisées sur ce créneau.

Par mesure de sécurité, nous ne pouvons que vous conseiller d'opter pour ces nouveaux biberons au polypropylène, un peu plus chers mais 100 % sécurisés. Ou bien de revenir au bon vieux bib' en verre, un peu moins pratique mais sans danger pour le bébé. Si vous choisissez de conserver vos anciens biberons, évitez de les mettre au lave-vaisselle ou au four à micro-ondes (ce qui est de toute façon déconseillé pour réchauffer le lait, pour risque de brûlures). Plus un biberon est usé, plus il dégagera des BPA. Comment reconnaître un biberon avec BPA ? Regardez sur le fond de la bouteille, vous y verrez un symbole de récupération accompagné du chiffre « 7 » ou des lettres « PC ».

# À lire...

- Delahaye (Marie-Claude), *Tétons et tétines : histoire de l'allaitement*, Trame Way, 1990.
- Didierjean-Jouveau (Claude-Suzanne), *L'Allaitement*, Saint-Jean-de-Braye, Dangles, coll. « Les 10 plus gros mensonges sur », 2006 ; *L'Allaitement maternel : la voie lactée*, Genève, Jouvence, 2003 ; *Anthologie de l'allaitement maternel*, Genève, Jouvence, 2002.
- Pellé-Douël (Christilla), *Le Guide de l'allaitement*, Marabout, 2004.
- Roques (Nathalie), *Vivre la relation avec son bébé : allaiter, dormir, porter*, Lyon, Chronique sociale, 2005.
- Dr Thirion (Marie), *L'Allaitement*, Albin Michel, 2004.

**Associations de soutien à l'allaitement maternel :**
- Coordination Allaitement :
  **http://www.coordination-allaitement.org**
- Leche League France :
  **www.lllfrance.org et www.lalecheleague.org**
- Solidarilait : **http://www.solidarilait.org**

# La diversification

Par Dominique Leyronnas, pédiatre néonatalogiste
et Alain Benoit, pédiatre

## Le sevrage : un arrachement qui doit se faire en douceur

**La diversification de l'alimentation suit l'évolution du corps.** Le nourrisson est équipé pour boire et digérer du lait : son tube digestif dispose des enzymes qui le lui permettent. Mais cette compétence va disparaître progressivement. Il y a un temps pour boire du lait et un temps pour ne plus en boire. Dans les pays pauvres, les bébés sont allaités le plus tard possible ; le sevrage signe le début des carences. Une maman au régime équilibré peut nourrir son bébé exclusivement au sein jusqu'à un an, sa lactation s'adaptera à ses besoins au fur et à mesure.

Mais la limite de l'allaitement n'est pas que diététique. Si le terme de « sevrage » désigne communément l'arrêt de l'allaitement, c'est aussi un mot qui signifie interruption, affranchissement de quelque chose qu'on aime bien, voire dont on est dépendant. Il est utilisé, dans ce sens, pour signifier l'arrêt d'une toxicomanie, et l'on sait à quel point cet arrêt est difficile et fragile. On parle de syndrome de sevrage, violente réaction du corps qui est entré en dépendance, s'est accoutumé à une pratique ou à une substance et ne peut s'en passer d'un coup.

**L'allaitement crée, lui aussi, un état de dépendance physique, psychologique et affective,** plus ou moins fort ou plus ou moins exprimé d'une maman à l'autre. L'interruption de cette relation privilégiée est d'autant moins bien vécue qu'elle coïncide avec la séparation imposée par la reprise du travail. C'est une double épreuve à vivre. Chaque femme la surmontera avec ses propres ressources et celles de son entourage.

**Pour rendre ce passage plus acceptable, il faut lui donner une dimension positive,** valoriser (sans excès) l'ouverture à l'extérieur, tant sur le plan relationnel que nutritionnel. Pour cela, le sevrage ne devrait pas intervenir avant 6 mois (malheureusement, dans notre pays, le congé postnatal n'est que de dix semaines). Toutes les mamans allaitantes appréhendent ce moment, qu'elles imaginent difficile. Pourtant, le sevrage est différent chez chacune d'elles. Certaines vont pouvoir entretenir un allaitement partiel avec une tétée le matin et une ou deux le soir, tandis que d'autres n'auront plus de lait du jour au lendemain.

**L'introduction du biberon est un moment particulièrement significatif.** Naturellement, la plupart des bébés le rejettent, trouvant que c'est une blague de mauvais goût. Ils connaissent et attendent autre chose que cette tétine en caoutchouc ou en silicone. Il n'en faut pas plus pour que la maman soit à la fois satisfaite que son bébé la préfère au biberon et inquiète de ce refus qui bloque son avenir proche. Se pourrait-il que le bébé ressente l'ambiguïté de sa maman ? Bien sûr ! Tout autant que lorsqu'elle le confiera à une autre femme en prétendant qu'il sera très bien avec... On ne peut sortir de ce déchirement bien naturel qu'en se mettant au clair avec soi-même, parfois en se faisant aider par son pédiatre ou un psychologue. On ne peut pas avancer en regardant en arrière.

Pour faire découvrir à son bébé qu'il peut apprécier autre chose que le sein, il faut en être soi-même convaincue. Si c'est trop difficile, on peut faire donner les premiers biberons par quelqu'un d'autre (à commencer par le papa). Dans d'autres bras, le bébé acceptera peut-être mieux la nouveauté. Il faut aussi choisir le meilleur moment pour lui, celui où il est le plus disponible : donc, ni au coucher ni au lever. Ainsi se fera peu à peu la substitution ; au fur et à mesure que les biberons seront avalés, la maman se rassurera et tout sera plus simple. Et si elle a préservé de son lait en le recueillant et le congelant, c'est encore elle qui nourrira son bébé quelque temps au moyen du biberon.

Tandis que la mère perd l'exclusivité (parfois relative) du nourrissage, le père trouve une nouvelle place. Quand on disait jadis « première dent, première bouillie », la bouillie représentait ce que le père apportait par son travail (cultiver, moissonner, moudre le grain pour obtenir la farine) pour nourrir son enfant à l'âge où celui-ci commençait à montrer son indépendance en se déplaçant seul (entre 9 et 12 mois). Ce rite de passage doit persister dans notre société, qui a tendance à brûler les étapes de la diversification et de la socialisation. La place du père n'est pas celle d'un éventuel concurrent autour des biberons, mais plutôt celle d'un relais, d'un soutien rassurant pour sa compagne dans ce moment parfois délicat où elle « décroche » de son bébé. L'apprentissage de la cuillère, c'est apprendre à se débrouiller seul, même si cela laisse parfois la place à des moments de chahut complice. Le père conduit son enfant à découvrir qu'il peut jouer seul (ce qu'il sait très bien faire, même sans les jouets labellisés 9-12 mois), pendant que ses parents se redécouvrent en couple.

# Lui donner envie de goûter...

## Créer un environnement propice

**Pour bien manger, il faut d'abord en avoir envie.** Tous les sens participent à ce moment festif. Faire le marché, regarder les étals disposés pour nous faire saliver, réagir à quelque chose qui nous tente, c'est déjà se préparer au repas, non seulement dans sa tête, mais aussi dans son corps. Cuisiner, c'est rendre hommage à la nourriture, c'est chercher à lui permettre d'exprimer sa saveur. Les odeurs qui flottent dans la maison font sécréter les sucs digestifs. Qui, en plein été, ne se sent pas une faim soudaine en humant une fumée de barbecue ? Une vie où l'on néglige ces étapes et où la préparation du repas tient dans la distance qui sépare le congélateur du micro-ondes est une vie atrophiée, aseptisée. Sans nier que cela puisse être parfois d'un réel secours. Il n'est pas rare que les jeunes enfants qui ne découvrent leur repas que quand il est tout prêt ne sachent y reconnaître ni fruit ni légume, se trouvant ainsi coupés de la réalité vivante.

## Manger, c'est découvrir, participer, partager

**Si le nourrisson porte tout à la bouche, c'est pour découvrir quel goût a le monde qui l'entoure.** L'éveil aux nouvelles saveurs se fait souvent en voulant goûter dans l'assiette des parents. C'est tentant, puisqu'ils ont l'air d'aimer ça ! Cette démarche est plus qu'un jeu. C'est une initiation au monde des adultes. Ne dit-on pas : « Maintenant, il mange comme un grand » ? Depuis sa naissance, sa maman l'initie à ce qui se mange. Un bébé mange avec d'autant plus de plaisir que sa maman le fait avec gourmandise. Mais son enthousiasme est aussi un remerciement à sa maman, l'envie de lui faire plaisir. Et cet échange autour du plaisir de manger demande de la détente et de la convivialité.

**Le repas doit être un temps de pause, marquer un arrêt dans l'activité.** Dans notre vie citadine occidentale, le repas a trop perdu cette valeur. Il est facile de tomber dans l'ambiance fast-food où

l'on avale vite, l'esprit encombré des soucis qui nous habitent ou du travail qui nous attend. Pourtant, une bonne digestion et une assimilation correcte exigent que l'on soit au calme et réceptif à ce que l'on mange. La dimension collective est importante pour l'enfant, puisque la découverte de nouveaux aliments est signe d'intégration au groupe familial. Même si sa maman ne mange pas en même temps que lui pour des raisons pratiques évidentes, elle doit se montrer disponible et détendue, autant que possible. Cela évitera bien des conflits inutiles car, pour apprendre à manger, l'enfant ne peut pas être « propre ». **Tous les apprentissages de l'enfant se font dans le jeu, et la nourriture est un terrain de jeu à découvrir.** Souffler dans la cuillère, recracher les morceaux, mettre les mains dans l'assiette pour sentir la consistance de ce qu'on porte à la bouche sont autant de petits plaisirs, qui deviennent encore plus intéressants s'ils font réagir les parents. Cette étape est nécessaire : mieux vaut entrer dans le jeu pour qu'il ne dure qu'un temps.

## Pas de modèle préétabli

**Un repas n'est pas un contrat diététique. L'appétit est une variable, pour les petits comme pour les grands.** Dès que l'on introduit du « il faut » autour du repas, on risque de s'engager dans un bras de fer dont les parents ne sortent jamais vainqueurs. Chacun a ses propres besoins, son métabolisme, son programme de croissance personnel. Les enfants qui ne mangent « rien » au dire de leurs parents continuent quand même à grandir et à mener leur vie. Ce qui signifie qu'ils ont suffisamment. En proportion, les boulimiques ne grandissent pas trois fois plus vite !

Si l'on passait de maison en maison à l'heure du repas, on constaterait que ce que l'on mange et la façon de le manger sont partout différents. Pourquoi donc les bébés devraient-ils avoir tous le même régime ? En chaque endroit, en chaque saison, les aliments proposés sont différents. **Chaque maman, chaque famille transmet ses propres habitudes alimentaires, ses propres goûts, ses rythmes, ses usages.** Le champ de la découverte est large, trop large sans doute dans nos grandes villes modernes où tous les produits du globe sont proposés toute l'année ou presque. Cette abondance échappe au cycle des saisons et vient troubler le rythme de la nature. Ainsi, la fraîcheur désaltérante des melons et des concombres, gorgés d'eau, nous fait envie sous le soleil de l'été. Cependant qu'un gratin dauphinois, riche en calories, nous réconforte lors d'une soirée d'hiver.

Commençons donc par respecter ce premier message de la nature, qui distribue chaque chose en son temps. L'organisme d'un enfant est prêt à tout accueillir, mais ni trop tôt ni trop d'un coup. Découvrir un nouvel aliment, c'est ajouter une nouvelle saveur à la palette des sensations qui font le monde qui l'entoure. Trop de sensations nouvelles empêche ce repérage (tout comme passer de bras en bras ne rend pas sociable, mais indifférent).

Laissons-lui le temps d'intégrer la nouveauté. Si certains aliments sont facilement acceptés, gardons-nous d'en abuser, pour éviter la saturation qui peut aboutir à un dégoût. Un nouvel aliment, c'est aussi une nouvelle substance identifiée par le corps. Avant 4 à 6 mois, la perméabilité de l'intestin et l'acquisition d'une immunité propre risquent de provoquer une réaction de rejet, autrement dit une allergie.

# Et pourquoi pas des petits plats au lait maternel ?

Votre bébé se nourrit désormais d'autre chose que de votre lait, mais, notamment si vous poursuivez un allaitement mixte, vous avez peut-être du lait à revendre. Plutôt que de souffrir d'engorgements ou de lui donner du lait infantile, pourquoi ne pas lui concocter des préparations à base du liquide le plus bénéfique qui soit pour lui ? Un peu de lait pour allonger une soupe, une purée ou une compote, lui apportera les protéines et les anticorps dont il a toujours besoin pour grandir. Vous pouvez même utiliser votre lait pour lui cuisiner des petits plats « maison », salés ou sucrés. Il vous suffit pour cela de ne pas trop le chauffer (et, en tout cas, jamais au micro-ondes), afin d'en préserver ses qualités protectrices. Crème de riz, flans, crèmes dessert, et même petits gâteaux… Tout est permis ! Bébé adorera retrouver dans son assiette la saveur de ce lait auquel il est si attaché. Cela pourra même vous faciliter la tâche pour lui faire découvrir de nouveaux plats !

## Les allergies alimentaires

**Les allergies alimentaires se sont multipliées ces dernières années. Une diversification alimentaire trop rapide y contribue sans doute.** Pour cette raison, il est maintenant proposé de ne diversifier qu'après 4 mois, 6 mois s'il existe une tendance allergique dans la famille (terrain atopique), et d'attendre un an pour les aliments dont le pouvoir allergisant est plus grand.

**Un des premiers responsables est le lait de vache.** Car le lait de vache, c'est pour les veaux. Cette phrase, bien des pédiatres la répètent. Les protéines du lait de vache (PLV) ont une spécificité d'espèce, et ce qui vient d'une autre espèce peut déclencher une réaction allergique.

**L'allergie au lait de vache est un phénomène dont l'explosion ces dernières décennies repose sur deux faits : l'abandon de l'allaitement et les moyens de conservation du lait.** S'affranchir de l'allaitement en ayant la possibilité de donner le biberon peut être vécu comme un signe d'évolution socioculturelle. Aucune région du monde n'y a échappé. Mais le lait frais est un aliment qui ne se conserve qu'au froid et peu de temps. C'est pourquoi, depuis l'Antiquité, il était transformé très vite, selon les régions, en lait caillé, fromage, lait fermenté ou yoghourt. Ce qui est toujours le cas dans tous les alpages du monde. Cette transformation atténue son pouvoir allergisant. L'avènement de la pasteurisation puis des méthodes de stérilisation UHT a permis une libre circulation du lait de vache, même à température ambiante, avec une conservation de plusieurs mois. La consommation de ce lait n'a plus de limites. Mais est-il bon pour tout le monde ?

## Quel lait choisir ?

### L'avis du Dr Christian Arizi, médecin homéopathe et naturopathe

▶ **Le lait de vache est le moins adapté à l'homme !**
Je pense qu'il faut éviter, dans la mesure du possible, les produits laitiers à base de lait de vache, dont les protéines sont inadaptées à l'être humain et susceptibles de causer des problèmes à notre système immunitaire et d'« encrasser » notre organisme en favorisant infections pulmonaires, asthme, eczéma, etc. C'est pourquoi je préconise l'allaitement maternel aussi longtemps que possible.

▶ **Aux mamans qui, toutefois, ne souhaitent pas ou plus nourrir leur enfant de leur lait, de façon totale ou partielle, je conseille d'opter pour un mélange lait de jument/lait de châtaignes** (on trouve ce mélange déjà préparé dans les magasins biologiques). Le premier est le lait qui se rapproche le plus du lait maternel, tandis que le second est riche en sucres lents, très digeste et constitue une bonne source de potassium, de magnésium et de phosphore. Un mélange parfaitement toléré par le nourrisson qui peut s'en nourrir exclusivement dès la naissance. Ce choix est mon préféré, car il allie apport de protéines animales, dont le petit enfant a besoin pour se construire, et risque minime de rejet de l'organisme. Gardez ce mélange jusqu'à au moins 6-7 mois, avant l'introduction des solides. À noter que les laits de chèvre et de brebis, par la nature de leurs protéines, sont également beaucoup moins allergisants que le lait de vache.

▶ **Les laits d'amandes et de noisettes sont intéressants aussi (sauf si votre enfant souffre d'une allergie aux fruits à coques).** Le lait d'amandes est riche en graisses insaturées, en acides gras polyinsaturés et possède deux fois plus de calcium que le lait de vache. Le lait de noisettes, lui, est très digeste, riche en protéines légères, en fibres et en sucres lents.

▶ **Si vous utilisez du lait de soja, diluez-le dans un tiers d'eau.** Le lait de soja est riche en purines, de grosses protéines qui peuvent être allergisantes. De plus, les œstrogènes que contient le soja sont susceptibles de perturber le système endocrinien s'ils sont absorbés à trop forte dose.

**Hormis le lait de vache,
les aliments les plus allergisants sont :**

L'œuf de poule, l'arachide (huile présente dans beaucoup de produits finis et les gâteaux secs), **le kiwi**, **le poisson**, **les fruits à coques (amande, noisette, noix)** cachés sous forme discrète dans bien des gâteaux, **les légumineuses (pois, lentilles, soja)**, **les crustacés**, mais aussi **le céleri**, **les tomates**, **l'aubergine**, **le panais** (légume à la forme proche de celle de la carotte et très « tendance » actuellement)... Chaque semaine, les allergologues mettent en cause un nouvel aliment.

Bien sûr, tout le monde n'est pas allergique à tous ces aliments et les rejeter serait regrettable. Mais il importe d'être prudent, en retardant au-delà d'un an leur introduction, un à la fois, pour pouvoir repérer les signes évocateurs d'allergie, qui sont surtout cutanés et digestifs. Cette intolérance disparaîtra vers 3 ans dans la plupart des cas (rarement pour l'arachide et les crustacés).

## Pour une diversification sans risques

### L'avis du Dr Christian Arizi, médecin homéopathe et naturopathe

Ne pas introduire le blanc d'œuf, particulièrement allergisant, avant 9-10 mois. Pour ce qui est des céréales, commencer par épaissir les biberons avec de la crème de riz, de quinoa ou de tapioca. Éviter d'inaugurer la diversification avec les céréales contenant du gluten, comme le blé. L'allergie au gluten, même si elle ne se manifeste pas forcément tout de suite, peut se déclarer à l'adolescence ou à l'âge adulte, à la faveur d'une introduction trop précoce.

# Bébé ne doit pas manger comme un mini-adulte !

**S'il ne faut pas confondre alimentation et diététique, il y a quand même des erreurs à éviter,** bien qu'elles soient, pour certaines, solidement ancrées dans les usages :

**Rajouter du sel ou du sucre vient de nos habitudes d'adultes, qui ne sont pas forcément bonnes.** La viande ou le poisson (de mer) sont naturellement salés et n'en demandent pas plus. Un excès de sel déclenche au niveau du rein un mécanisme qui régule la pression artérielle. L'habitude de trop saler peut majorer le risque de développer une hypertension artérielle.

**Les laitages et les fruits sont naturellement sucrés, même si leur acidité peut le cacher. Ajouter du sucre crée une accoutumance qui fera plus tard rechercher ce qui est très sucré, notamment les sodas.** Ceux-ci, faciles à consommer tout au long de la journée, portent une lourde responsabilité dans l'accroissement de l'obésité. L'ajout de sucre (en préférant les sucres non blanchis ou le miel) doit être prudent et non systématique, afin de ne pas créer de conditionnement.

**La viande est un apport de protéines animales qui se substituent peu à peu à celles du lait. Son introduction implique la diminution des laitages, sinon il y a excès de protéines animales et un surcroît de travail métabolique.** Pour cette raison, elle ne doit être introduite qu'en quantité modérée (une à trois cuillerées le midi) et pas trop tôt (après 6 mois). Trop de viande risque de dépasser les possibilités des enzymes digestives, une digestion incomplète étant facteur de troubles digestifs (colopathie fonctionnelle).

**Enfin, contrairement à ce que l'on fait chez l'adulte, il ne faut pas rationner les graisses, qui contribuent, entre autres, au développement du système nerveux.** Le lait maternel, très riche en graisses, doit peu à peu être relayé par des apports suffisants en acides gras essentiels. Ceux-ci proviennent des huiles végétales (à diversifier) et des poissons, introduits prudemment s'il existe des antécédents allergiques dans la famille.

## Avec des morceaux ou broyé ?

Être capable de croquer, de broyer soi-même les aliments dans sa bouche, demande d'avoir des dents pour le faire et la maturité suffisante. Qui dit maturité dit devenir plus « grand ». Encore faut-il en avoir envie ! Bien des enfants (et parents complices…) gardent longtemps leur biberon du matin, souvenir des moments tendres. La nourriture mixée se tète et s'avale comme du liquide. **Mettre des légumes mixés dans du lait simplifie la pratique, mais fausse la réalité : les légumes, ça ne se tète pas. Mâcher demande un savoir-faire, et avaler des morceaux, encore plus.** C'est à la maman qu'il revient de croire son enfant capable de se débrouiller avec une nourriture qui n'est plus liquide. Une nourriture de moins en moins écrasée permet d'apprivoiser la sensation du solide dans la bouche. Peut-être une initiation avec quelque chose de sucré, un fruit gratté ou pulpé, est-elle une bonne introduction. Le réflexe nauséeux, connu de tout parent, indique la taille limite de tolérance des morceaux.

## Dur d'être grand !

L'entrée dans le monde des plus grands laisse toujours la nostalgie d'avant. Aussi ne faut-il pas être trop exigeant et consentir de temps à autre à de petites « faiblesses ». Le biberon du soir, moment de câlin et de régression, est parfois prolongé plus qu'il ne le faudrait dans la culpabilité ressentie à la reprise précoce du travail. Les mamans s'y complaisent, tout en sachant qu'il n'est pas nécessaire et qu'il est peut-être nocif pour les dents. Il dure le temps de trouver des rituels du soir qui soient séparants et non pas fusionnants.

# Vers une nourriture écologique pour bébé

## L'avis du Dr Christian Arizi, médecin homéopathe et naturopathe

Proposez, le plus possible, une alimentation faite maison, fraîche et de préférence biologique. Tous les fruits, tous les légumes sont recommandés (sauf en cas d'allergies déclarées). Optez pour les céréales déjà diastasées (prédigérées) et préférez les semi-complètes aux complètes.

L'alimentation vivante (aliments crus, biologiques, graines germées, jus de fruits et de légumes frais, jus de jeunes pousses comme le jus d'herbe de blé…) est séduisante, mais pas forcément facile à manger et à assimiler si jeune. Essayez, toutefois, de ne pas trop cuire les aliments, sachant que les enzymes sont détruits à 40 °C. Apprenez à cuisiner à basse température.

Un régime végétarien strict, a fortiori végétalien, ne me semble pas adapté aux petits enfants, qui sont en période de formation, de construction du corps, des cellules : il faut leur apporter ce dont ils ont besoin. Donnez des œufs et/ou du poisson (sauf en cas de risque allergique) au moins deux à trois fois par semaine.

## Produits bio exotiques : à consommer avec modération !

La mondialisation permet de découvrir ce qui pousse à l'autre bout de la planète. Ainsi, **le quinoa**, plante providentielle pour les populations boliviennes car elle les protège de la malnutrition par sa richesse en protéines, tient une bonne place dans les rayons des boutiques bio et même, depuis quelque temps, des supermarchés classiques. Pourtant, si sa culture, ancestrale, a institué le quinoa aliment de base de ces régions démunies, pour les pays riches comme le nôtre, c'est plus une curiosité qu'un besoin. Or l'augmentation de la demande a déclenché dans les zones de production boliviennes une course à la production et au profit, source de désordres sociaux et de dégâts écologiques...

**Le soja** n'est pas non plus une plante autochtone, et le maïs ne l'est pas depuis longtemps. Le premier n'est pas sans risques s'il est consommé au long cours, et le second est la cible des cultures transgéniques.

**Vous pouvez, bien sûr, consommer ces produits. Essayez seulement de ne pas en abuser, ou privilégiez les marques certifiant une production biologique et un mode de production équitable.** Manger écologique, c'est d'abord valoriser ce qui est à portée de notre assiette. En consommant local, vous aurez à la fois l'assurance de la qualité de ce que vous mangez et celle de mieux respecter la planète.

# Petits pots bio : quelle réelle plus-value ?

On sait que, d'un point de vue général, une alimentation sans pesticides, dioxydes ni OGM est meilleure pour la santé et pour l'environnement. Toutefois, pour ce qui est de l'alimentation infantile – laits, petits pots ou plats préparés –, l'avantage pour la santé des bébés à consommer de la nourriture bio semble nettement plus flou.

Tout ce qui touche à la nourriture pour les moins de 3 ans est en effet extrêmement contrôlé, normé, sécurisé, au niveau européen et ce, depuis des années. Comme les produits bio, les produits alimentaires classiques pour tout-petits sont garantis sans conservateurs, colorants ni édulcorants. Ils ne contiennent pas non plus d'arômes artificiels ni la moindre trace d'OGM, tandis que les résidus de pesticides et de nitrates y sont quasi inexistants. Quant au sucre et au sel, ils sont réduits au minimum. La seule grande différence, en fait, tient au respect de l'environnement, l'agriculture et l'élevage biologiques respectant mieux les sols et les animaux.

Donc, si vous n'avez pas de petits pots bio sous la main ou si vous les trouvez trop chers, pas de culpabilité à avoir ! Votre bout de chou n'en sera pas empoisonné pour autant. Seul bémol, qui concerne toutes les sortes de plats préparés : leur texture et leur goût seront sans doute plus lisses, plus fades que ceux d'une purée maison. Mais, surtout, ils ne seront pas cuisinés avec des morceaux d'amour et de temps !

## À lire...

- ▸ Le Berre (Nicolas), *Le lait, une sacrée vacherie ?*, Flers, éditions Équilibres aujourd'hui, 1992.
- ▸ Moll (Ralf), *Mon bébé bio : l'alimentation naturelle de la maman et du bébé*, Mens, Terre Vivante, 2000.
- ▸ Souccar (Thierry), *Lait, mensonges et propagande*, Vergèze, Thierry Souccar Éditions, 2007.
- ▸ *Alternative Santé*, n° 368, juillet-août 2009.

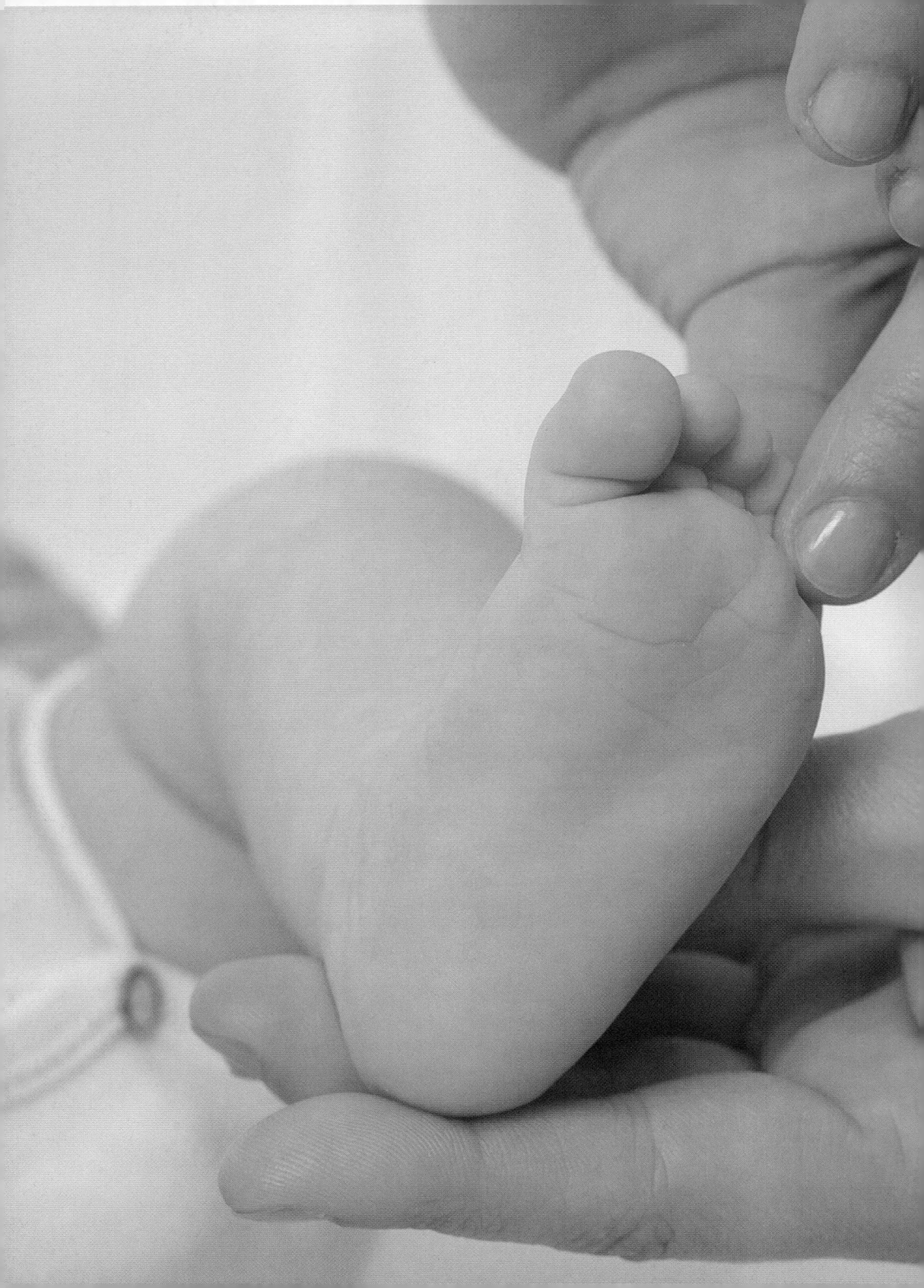

# Massage, baby yoga, relaxation... pour un bébé heureux

# Masser bébé

Par Isabelle Gambet-Drago,
masseuse-kinésithérapeute et formatrice en massage bébé

**L**e bébé commence sa vie par un séjour de neuf mois dans le ventre protecteur de sa mère. Contenu de toute part, bien au chaud, bercé au rythme de la vie de sa mère, le bébé grandit, grossit, se construit. La lumière et les bruits tamisés l'accompagnent tout au long de ce voyage.

Puis, après cette longue préparation, c'est le grand jour. Celui du changement de monde. Tout y est différent et, en même temps, semblable. Ce n'est plus le ventre qui contient, mais les bras. Les bruits sont les mêmes, mais amplifiés... Il faut à ce petit bout d'homme un peu de temps pour s'adapter à sa nouvelle vie.

Ce chemin et ces capacités d'adaptation sont les mêmes pour tous les peuples de la terre. Chaque peuple accueille le nouveau-né avec ses propres rituels et ses propres coutumes. Au cours du temps, les hommes ont développé des gestes spécifiques et des adaptations particulières, en fonction de leurs croyances et de leurs conditions de vie. **Tous, à l'origine, ont en commun cet art de toucher, de câliner, de rassurer, de nourrir, de bercer et de se mettre en lien avec ce nouveau venu**. C'est le temps de s'apprivoiser l'un l'autre. C'est le temps de la rencontre. Cette rencontre se fait par le regard, bien sûr, mais aussi, beaucoup, par le toucher.

Certaines civilisations comme les sociétés industrialisées ou « modernes » ont progressivement modifié leur comportement. Pris dans le tourbillon du modernisme, les hommes ont oublié les gestes simples et pleins de bon sens pour s'orienter vers des comportements appris et dictés par la science. Les uns savent, les autres doivent apprendre. C'est ainsi que le toucher bienveillant des bébés a progressivement disparu.

**Aujourd'hui, il nous faut réapprendre à nous faire confiance dans nos compétences de prise en charge d'un nouveau-né.** Notre capacité à masser notre tout-petit est toujours là, mais il nous faut la redécouvrir. Non pas en apprenant encore de nouvelles données à l'aide d'un protocole, mais en laissant simplement nos mains parler avec le cœur. En les laissant prendre le bon chemin vers cet incroyable langage du corps. En retrouvant cette compétence, un véritable lien s'établit entre les parents et leur petit.

**Ces quelques pages sont une aide pour vous accompagner sur votre chemin du « toucher bienveillant », appelé aussi « massage bébé ».** Voici quelques conseils pour développer vos compétences de bienveillance dans le massage, mais aussi dans la vie quotidienne.

# Le massage pour bébé : un océan de bienfaits

**Pour le bébé, le massage est avant tout un extraordinaire moment de partage et de complicité avec vous.** Pour vous, c'est un geste d'amour envers votre tout-petit. Cet aspect est essentiel dans votre intention de masser votre enfant. C'est ce que dit si bien le Dr Frédérick Leboyer dans son ouvrage culte *Shantala*[1] : « Nourrir l'enfant ? Oui.

1. Frédérick Leboyer, *Shantala : un art traditionnel, le massage des enfants,* Seuil, 2004.

Mais pas seulement de lait. Il faut le prendre dans les bras. Il faut le caresser, le bercer. Et le masser. Ce petit, il faut parler à sa peau, il faut parler à son dos qui a soif et faim autant que son ventre. » Le massage procure en effet des bienfaits sur les plans psychologique, émotionnel et physiologique.

## Les bienfaits psychologiques et émotionnels :
- la confiance en soi ;
- le respect de soi et de l'autre ;
- l'autonomie.

## Les bienfaits physiologiques :
- un meilleur sommeil ;
- la détente ;
- une plus grande souplesse articulaire et musculaire ;
- une bonne tonicité musculaire ;
- l'augmentation des défenses immunitaires ;
- un équilibrage de l'appétit (reprise de poids…) ;
- le développement d'un bon schéma corporel (agilité…) ;
- la fabrication d'endorphine, entraînant une diminution de la douleur.

▶ Cette liste n'est pas exhaustive, vous découvrirez sûrement d'autres bienfaits à ces séances de massage !

## Les contre-indications au massage bébé
Il existe quelques restrictions au massage. Il faut éviter de masser votre bébé lorsqu'il a de la fièvre, une éruption de boutons ou après un vaccin. Lors de poussées d'eczéma, évitez les zones surinfectées, mais massez le reste du corps.

# Les conditions préalables
# à un bon massage

### La bonne attitude physique

Il est nécessaire que votre colonne vertébrale soit en forme de grand C de haut en bas. Les épaules s'enroulent légèrement vers l'avant et le haut de votre dos semble s'arrondir. Ce grand C ne doit cependant pas être trop prononcé pour ne pas induire une sensation d'étouffement pour celui qui est massé.

### Assurer une présence de qualité à votre bébé

Lorsque vous allez prendre du temps avec lui pour le massage, tout votre être est là. Votre corps, mais aussi vos sentiments, vos sensations, vos pensées... Si vous êtes physiquement là, mais que vous pensez à autre chose, le sens et l'apprentissage de la relation s'altèrent. Il arrive que l'esprit s'échappe de courts instants, mais à nous de veiller à rester le plus possible présents à ce que nous faisons.

### Une envie partagée

Partager, ce n'est pas juste donner, c'est aussi savoir recevoir. L'art de masser, c'est savoir donner et recevoir par le toucher. Quand vous massez vous-même, le premier critère pour savoir si votre massage est « réussi », c'est quand vous pouvez dire : « Ah, ça m'a fait du bien, ça m'a détendu(e)... »

Pour que le massage soit un moment d'échange et de partage avec son enfant, il faut que les deux intéressés aient envie de partager quelque chose. Il arrive parfois que vos sentiments soient contradictoires : « J'ai envie de masser mon bébé, mais j'ai aussi envie de calme et de solitude. » Dans ce cas, prévenir le bébé suffit, et quelle que soit l'action choisie, elle se fera avec harmonie. Il est important que votre attitude soit une attitude d'accueil, sans aucun jugement porté sur votre enfant. Le bébé a un grand besoin d'être accepté pour ce qu'il est.

**Avant de commencer un massage, demandez-vous si :**

● vous avez envie de masser ;
● vous avez du temps ;
● votre bébé en a envie.

▸ **Si ces trois critères sont réunis, alors vous pouvez vous lancer : vos mains feront le reste !**

▸ **Si vous êtes fatigué(e) ou stressé(e) après une journée de travail, mais que ces trois conditions sont remplies, n'hésitez pas à masser votre bébé.** Rapidement, vous allez sentir que vous vous détendez et que votre bébé aussi. Car si vous attendez toujours d'être au meilleur de votre forme, vous risquez de ne jamais vous lancer ! Ce serait dommage, car la relation se construit à deux. Vous l'accueillez tel qu'il est, lui vous prend tel que vous êtes. Avec vos qualités, vos défauts et vos fatigues. Ce dont votre bébé a le plus besoin, c'est de se sentir en lien avec vous, dans la plus grande sincérité.

## Les conditions matérielles

● Chauffez suffisamment la pièce (environ 25 °C, surtout pour les tout-petits). Évitez d'utiliser un système de chauffage par soufflerie qui envoie de l'air chaud.
● Évitez les lumières directes sur le visage du bébé.
● Installez-vous confortablement pour ne pas avoir mal au dos durant la séance. Ce temps doit rester un plaisir partagé.

# Où masser bébé ?

Avec le tout-petit, le plus simple, pour respecter ces conditions, est la table à langer dans la salle de bains. Toutefois, si vous préférez un autre lieu et une autre installation, vous pouvez tout inventer (assis(e) par terre, sur votre lit, sur vos genoux dans le canapé...).

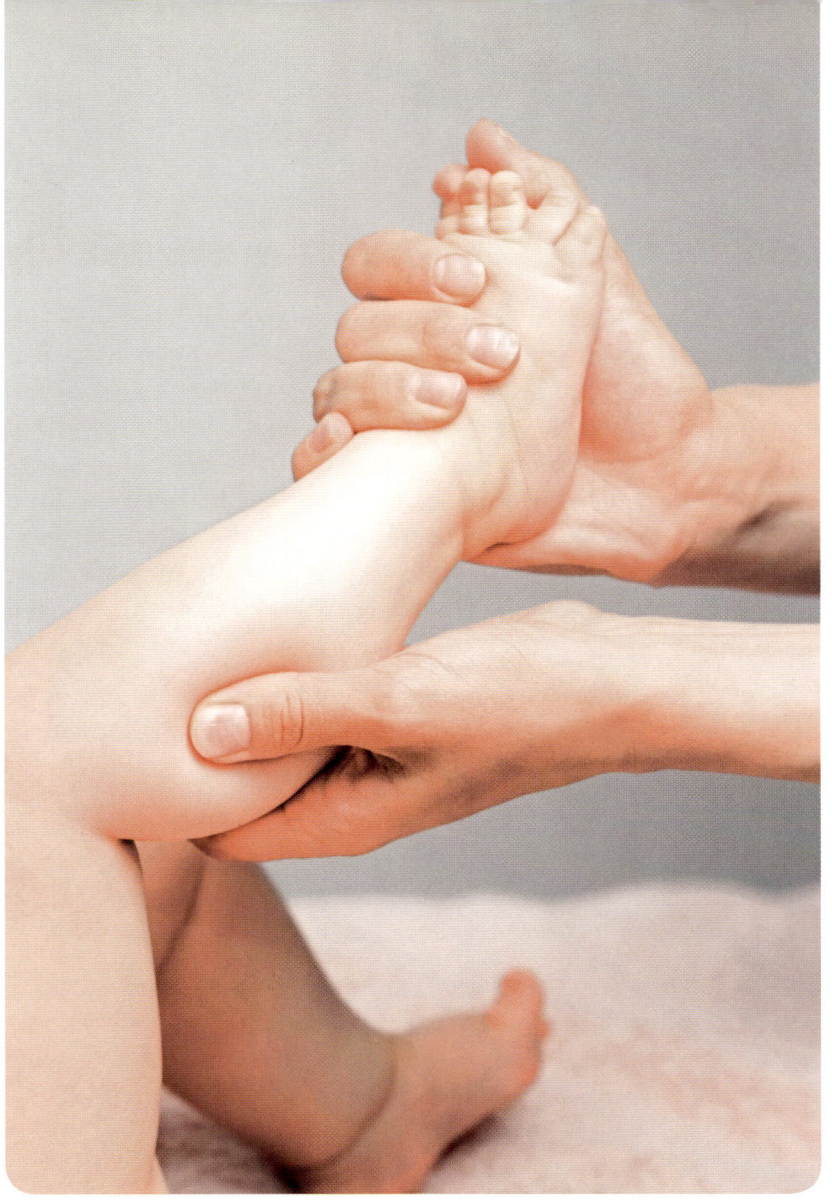

Avec les plus grands, la table à langer devient dangereuse, car l'enfant bouge beaucoup et risque davantage de tomber. À ce moment-là, vous pouvez opter pour le grand lit ou le canapé. Et remplacer le chauffage par une petite couverture qui couvrira les parties qui ne sont pas massées.

# Qui peut masser bébé ?

À la naissance et pendant le séjour à la maternité, c'est vous, les parents, qui massez votre bébé. Le massage réalisé par la maman est différent de celui fait par le papa, et votre bébé appréciera de faire connaissance avec vos deux touchers spécifiques. Notez que, souvent, il faut rappeler au papa d'avoir la main légère côté pression, alors qu'il est souvent nécessaire d'aider la maman à relâcher les épaules afin d'obtenir une pression agréable pour l'enfant. La bonne pression étant celle que vous donnez lorsque votre bras repose détendu et relâché sur votre tout-petit.

Si votre bébé éprouve quelques difficultés digestives ou tout autre petit malaise, il se peut qu'un membre du personnel masse votre bébé, mais ce massage sera davantage à visée thérapeutique qu'à but relationnel.

Le premier mois, gardez le privilège de ce toucher massage. Si votre bébé a des frères et sœurs, ces derniers peuvent aussi le masser, mais laissez-les y venir naturellement et simplement. (Pour les moins de 7 ans, garder toujours un œil sur le massage.)

Ensuite, vous pouvez autoriser d'autres personnes à masser votre bébé : les personnes qui le gardent, les grands-parents… Pensez toujours que le massage est une communication qui s'établit à deux. La personne qui masse votre bébé doit avoir envie de le faire.

Ne vous inquiétez pas à propos du lien spécifique que vous établissez avec votre bébé lors du massage : il ne sera jamais altéré si d'autres que vous le massent. Le bébé fait toujours la différence. Le massage est un langage du corps et, comme tout langage, il peut être partagé avec différents interlocuteurs.

# Tout nu !

**Le massage se fait en général tout nu, surtout chez les tout-petits.** Il faut donc prévoir une serviette de bain pour poser le bébé. En effet, lors d'un massage, le bébé se détend si profondément qu'il lâche ses sphincters.

**Pour les plus grands, vous pouvez soit le masser nu, soit garder la couche et la descendre au niveau du coccyx.** Lors d'un massage, et particulièrement lors du massage du dos, il est important que le geste aille jusqu'au sacrum, pour donner à l'enfant la sensation d'un geste complet. Ce qui n'est pas le cas lorsque l'enfant porte une couche. Comme celle-ci est souvent un obstacle, la main s'arrête à la limite de la couche. Cette sensation est la même pour un adulte : si le masseur ne descend pas jusqu'à votre sacrum, vous avez la sensation qu'il vous manque quelque chose.

# Quand commencer le massage bébé ?

**Le massage peut se commencer dès la naissance, mais il faudrait alors plutôt parler de « toucher bienveillant » que de « massage ».** En effet, les premiers massages sont des mises en relation avec son tout-petit par le toucher. C'est comme si les parents apprenaient à découvrir ce nouveau venu grâce au toucher. C'est un dialogue d'amour qui se met en place. De plus, le nouveau-né, qui vient de passer neuf mois à être contenu, massé, touché 24 heures sur 24, a un grand besoin d'être rassuré par vos mains qui le contiennent et lui montrent votre présence.

**Si vous n'avez pas massé votre bébé lorsqu'il était tout petit, il n'y a aucun problème à commencer avec un bébé plus grand.** Quel que soit son âge, l'être humain a toujours besoin de contact et votre enfant accueillera toujours le massage avec plaisir. Il faut juste s'adapter à la situation. Si votre enfant tient assis, il voudra sûrement commencer le massage assis. À vous de vous adapter à ses besoins et à ses désirs. Le massage doit rester un moment de plaisir pour chacun. Entre 10 mois et 2 ans, la priorité d'un enfant est de découvrir le monde. Vous ne pourrez peut-être lui masser qu'une toute petite partie du corps. Cela n'a pas d'importance. Pensez à lui proposer un massage régulièrement. Plus tard, c'est lui qui commencera à vous réclamer un massage, en vous indiquant ce qu'il aime et ce qu'il apprécie moins.

## Le massage bébé, très différent selon les cultures...

En Afrique ou en Inde, on ne commence à masser le bébé qu'après le premier mois de vie. À y regarder de plus près, ces massages ethniques sont beaucoup plus toniques et suivent un protocole bien défini. Il n'est pas possible, par exemple, d'envisager un massage africain en version raccourcie. Ce type de massage est très stimulant pour l'organisme, et l'intention qui l'anime n'est pas la mise en place d'un lien parental plus fort. En revanche, d'autres gestes interviennent, eux, dès la naissance pour créer ce lien parental de façon complètement intuitive et naturelle.

## Quelle est la bonne durée pour un massage ?

Dans notre culture où nous commençons à renouer avec le toucher, la durée du massage est à adapter en fonction de différents paramètres. **Le massage peut durer de quelques minutes à une de-**

mi-heure. Ce temps limite ne doit pas être dépassé avant l'âge de la puberté.** Le temps de massage peut varier d'un jour à l'autre. Il n'y a pas de règle. La durée n'augmente pas non plus de façon linéaire avec la croissance du bébé. C'est donc à vous de sentir quand votre bébé veut que le massage s'arrête. Cette attention à l'autre développe le respect du besoin de l'autre, et, sans le savoir, vous l'enseignez à votre tout-petit pendant le massage. Ainsi il sera plus apte à respecter les autres, et à prendre en compte ses propres besoins. Pour vous aider dans vos premiers massages, voici quelques signes qui peuvent vous guider. Bébé ne bouge pas beaucoup, il urine, se détend, sourit... C'est qu'il apprécie ce que vous lui faites ! Il commence à s'agiter, la peau se marbre, il change de comportement, il pleure... Il vous signifie qu'il en a assez.

## À quelle fréquence masser mon bébé ?

Les enfants se construisent beaucoup autour des rythmes (jour/nuit, veille/sommeil, digestion/repos...). Si le massage s'inscrit dans un rythme, l'enfant l'attend et se structure. Si vous pouvez masser votre bébé dans des créneaux horaires identiques d'un jour à l'autre ou au cours de la semaine, le bébé va rapidement intégrer ce rythme et attendre ce moment d'échange avec vous. Il est possible, par exemple, d'alterner bain et massage : un jour, vous lui donnez le bain, un jour, vous lui faites un massage. **Si vous souhaitez le masser tous les jours, il n'y a aucune contre-indication, au contraire.** Dans ce cas, à vous de vous organiser. Le massage après ou avant le bain n'est pas toujours judicieux, car le bébé peut être rapidement trop fatigué pour accueillir les deux avec plaisir.

**Si vous n'arrivez pas à trouver de moment fixe dans la semaine, ne vous inquiétez pas.** Votre bébé profitera toujours volontiers de ces moments d'échange par le toucher.

# Les différents types de massages

### Le massage glissé

**C'est le plus connu et le plus utilisé. Il consiste à partir d'un point et à se déplacer, tout en gardant le contact entre la main et la peau.** Ce type de massage utilise différentes techniques comme les effleurages, les pressions tirées ou les pétrissages.

Ce massage peut se pratiquer sur tout le corps ou uniquement sur certaines parties. Il nécessite l'utilisation d'un corps gras afin d'éviter les échauffements sous-cutanés lors des déplacements.

### Le massage contenant

**Il est moins connu, mais malgré tout très utilisé. C'est un toucher qui fait appel à notre capacité à contenir l'autre pour le rassurer, l'apaiser, le soulager, lui signifier notre présence bienveillante.** Il consiste à se positionner sur une partie du corps, à poser ses mains et à réaliser une légère pression entre la paume et les doigts. Puis à la relâcher. Pour se déplacer, il faut soulever les mains et les reposer sur une autre partie du corps. Lorsque vous enlacez votre enfant pour faire un câlin, vous faites du toucher contenant.

Les indications de ces deux familles de massages sont différentes et certaines situations requièrent plutôt l'une ou l'autre. Mais, globalement, vous pouvez mélanger les deux au cours d'un même massage. Le plus important est de vous laisser guider par votre intuition, en restant dans la simplicité et le plaisir.

# Masser un tout-petit (0-5 mois)

Votre bébé vient de naître et de quitter le ventre protecteur. Vous pouvez commencer à le masser afin de lui signifier que vos mains vont prendre le relais pour lui rappeler ce contact utérin rassurant.

En salle de naissance, votre bébé va rester environ deux heures sur votre ventre. **Posez vos mains sur lui et commencez à le caresser de vos paumes, sans faire intervenir votre mental, juste avec votre cœur. Voilà, vous venez de commencer à masser votre bébé.**

Dans les jours qui suivent, vous pourrez poursuivre ces premiers contacts.

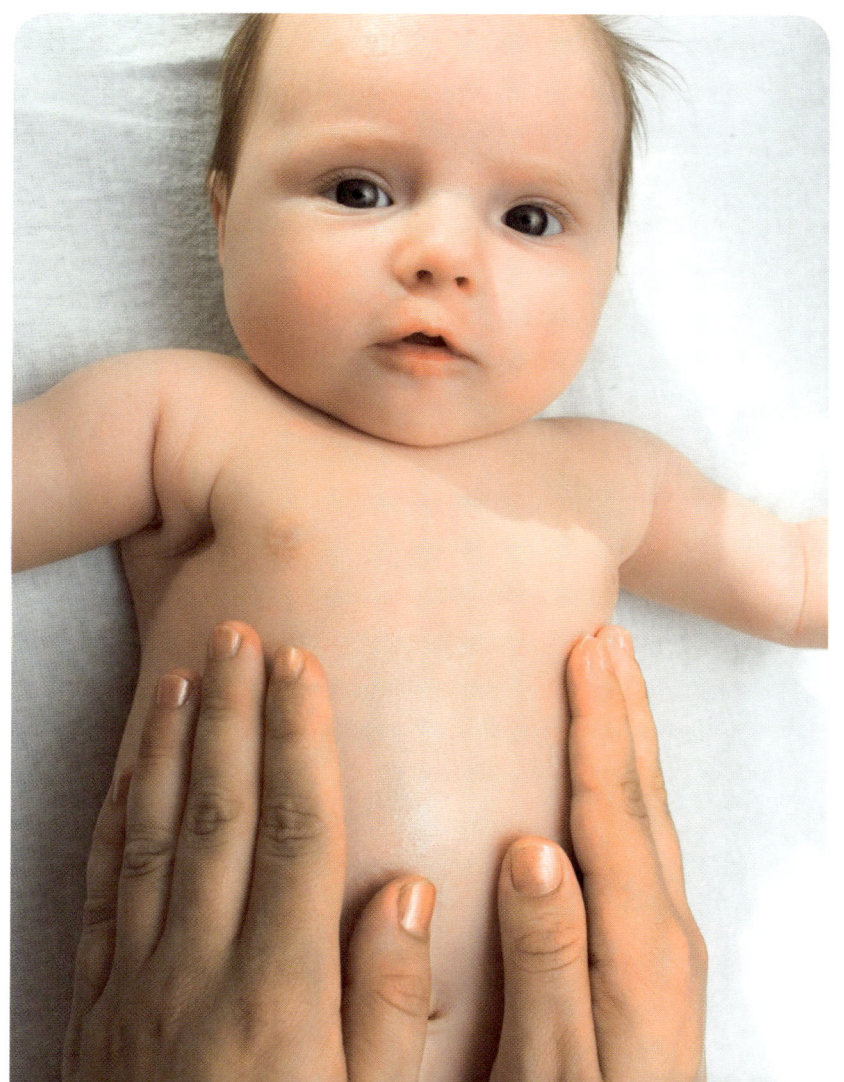

Vous entrevoyez déjà que le massage n'est pas compliqué. Il n'existe pas de protocole particulier à apprendre, il s'agit simplement de vous laisser guider par votre intuition.

**Voici quelques conseils avant de commencer votre « massage ».**

● **Le massage doit être contenant pour votre bébé,** qui doit avoir la sensation d'être enveloppé par vos mains et par votre présence. Il y a donc quelques consignes à respecter.

● **Le massage se fait avec votre paume de main,** les doigts doivent être détendus et suivre la main. Ne serrez jamais, sous peine de réaliser une prise circulaire désagréable pour votre bébé. C'est donc toujours la paume qui masse. Quand les surfaces sont toutes petites, comme pour les pieds ou les mains, vos pouces peuvent remplacer vos paumes.

● **Durant le massage, le bébé a besoin de ressentir un certain lâcher prise** pour se détendre complètement. Il est donc nécessaire que votre avant-bras soit complètement détendu. Vous pouvez vérifier, par exemple, que vos épaules sont basses. Surveillez aussi la position de votre dos. Celui-ci doit être légèrement arrondi.

● **Posez votre main, bras complètement relâché.** Le poids du membre supérieur est différent d'un individu à l'autre. Mais ce qui fait la qualité du toucher, c'est votre capacité à lâcher prise, pour induire chez votre bébé ce même lâcher prise.

● **Lorsque le nourrisson est tout petit** (bébé en bonne santé né à terme), cette pression peut vous sembler trop importante, à vous, en tant qu'adulte. Mais pour votre bébé, elle est rassurante et apaisante. En revanche, il ne faut pas y ajouter plus de force, cela deviendrait excessif. Plus le bébé est petit, plus il a besoin de ce lâcher prise. Sinon, rapidement, le massage l'agace et l'on en conclut trop souvent qu'il n'aime pas être massé.

● **Pendant le massage, prenez le temps.** N'allez pas trop vite. Vous n'êtes pas en train de réaliser une performance physique, mais simplement en train de partager un bon moment ensemble.

## Le massage contenant

**Il se pratique souvent de façon symétrique. Il peut être réalisé sur tout le corps ou uniquement sur certains segments.**

Lorsque vous ne pouvez pas masser votre bébé parce qu'il est malade, vous pouvez utiliser cette technique et ne faire que cela. En cas d'hospitalisation, par exemple, ce massage rassure et aide beaucoup votre enfant.

## Le massage glissé chez le nouveau-né

**Vous pouvez enchaîner les mouvements qui suivent dans le sens qui vous convient ou n'en réaliser qu'une partie.**

Globalement, le sens de massage n'a pas d'incidence sur les bébés. Le retour veineux se passe sans souci. Faites-le comme vous le sentez pour vous et pour votre bébé.

**Ce qui est important dans le massage glissé, c'est d'avoir une alternance de pression et de lâcher de pression.** Pour réaliser cette alternance, soit vous soulevez la paume pour repartir de votre point de départ, soit vous effectuez très légèrement le mouvement en sens inverse.

Conserver toujours un contact avec votre bébé ne signifie pas toujours garder ses deux mains sur lui. Il faut lui laisser le temps de « digérer » l'information cutanée que vous venez de lui donner.

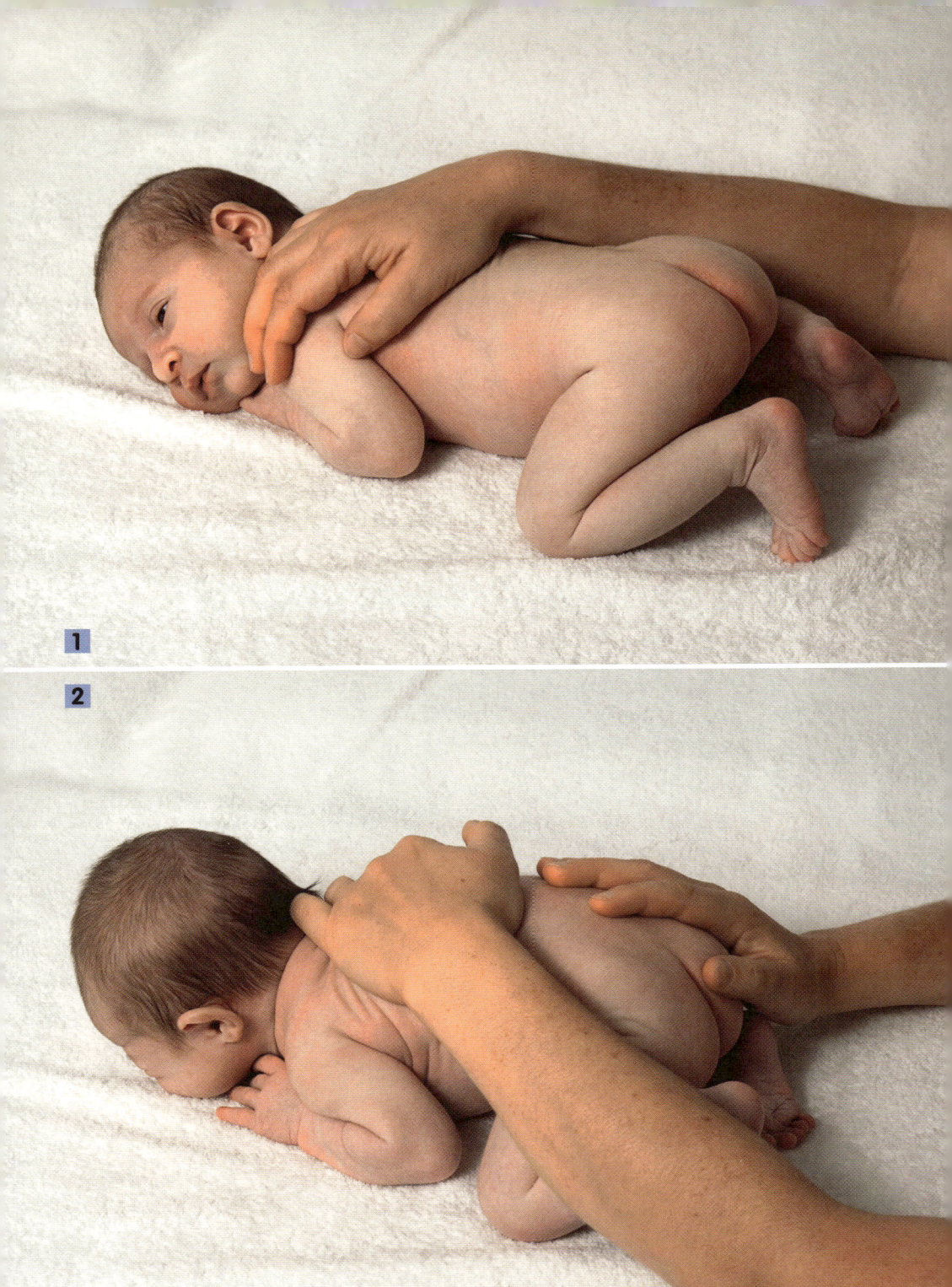

# Le massage du dos

**Pourquoi commencer par le massage du dos ?**

Le dos est la partie du corps qui a le plus besoin d'être « alimentée » en toucher.

De plus, dans cette position, votre bébé ne partira pas en réflexe de Moro (écartement des bras) et il pourra en profiter pour se détendre. Cette position favorise aussi son bon développement moteur. Elle est à proposer au bébé en phase d'éveil.

1. Posez une main sur l'épaule, paume bien à plat et glissez jusqu'à la fesse opposée.

2. L'autre main se pose alors sur l'autre épaule et glisse à son tour pendant que la première main se soulève pour rejoindre l'épaule. Vous pouvez enchaîner ces mouvements plusieurs fois.

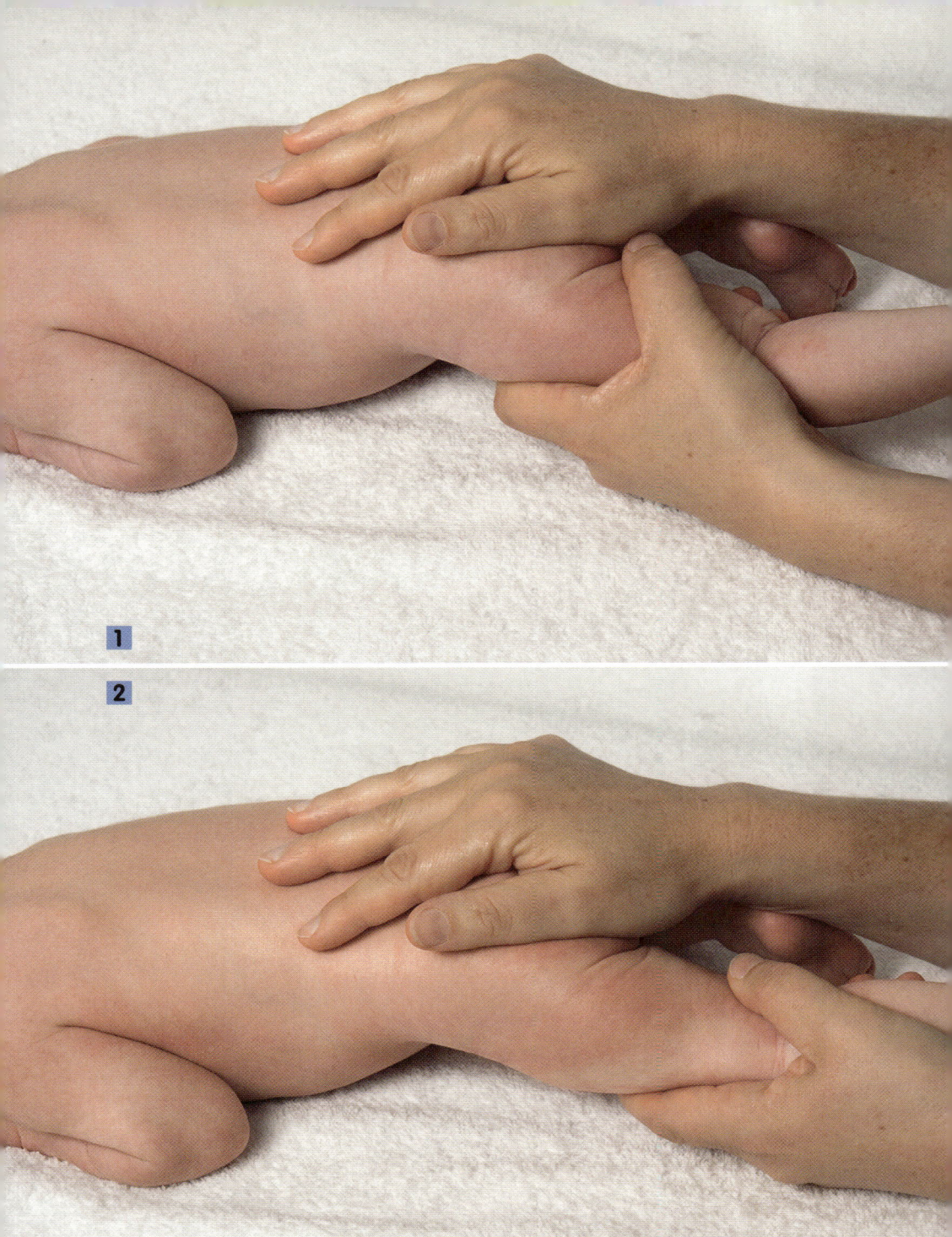

# Le massage de la jambe

1. D'une main, passez sous la cuisse du bébé ; de l'autre, faites un contre-appui sur le sacrum en exerçant une légère poussée vers la tête.

2. Descendez le long de la jambe jusqu'au pied en exerçant une légère traction vers le bas, comme si vous vouliez tendre la jambe de votre bébé. Allez jusqu'au pied, puis relâchez la traction avant de lâcher le pied. Recommencez le mouvement, puis massez l'autre jambe.

Massage, baby yoga, relaxation...

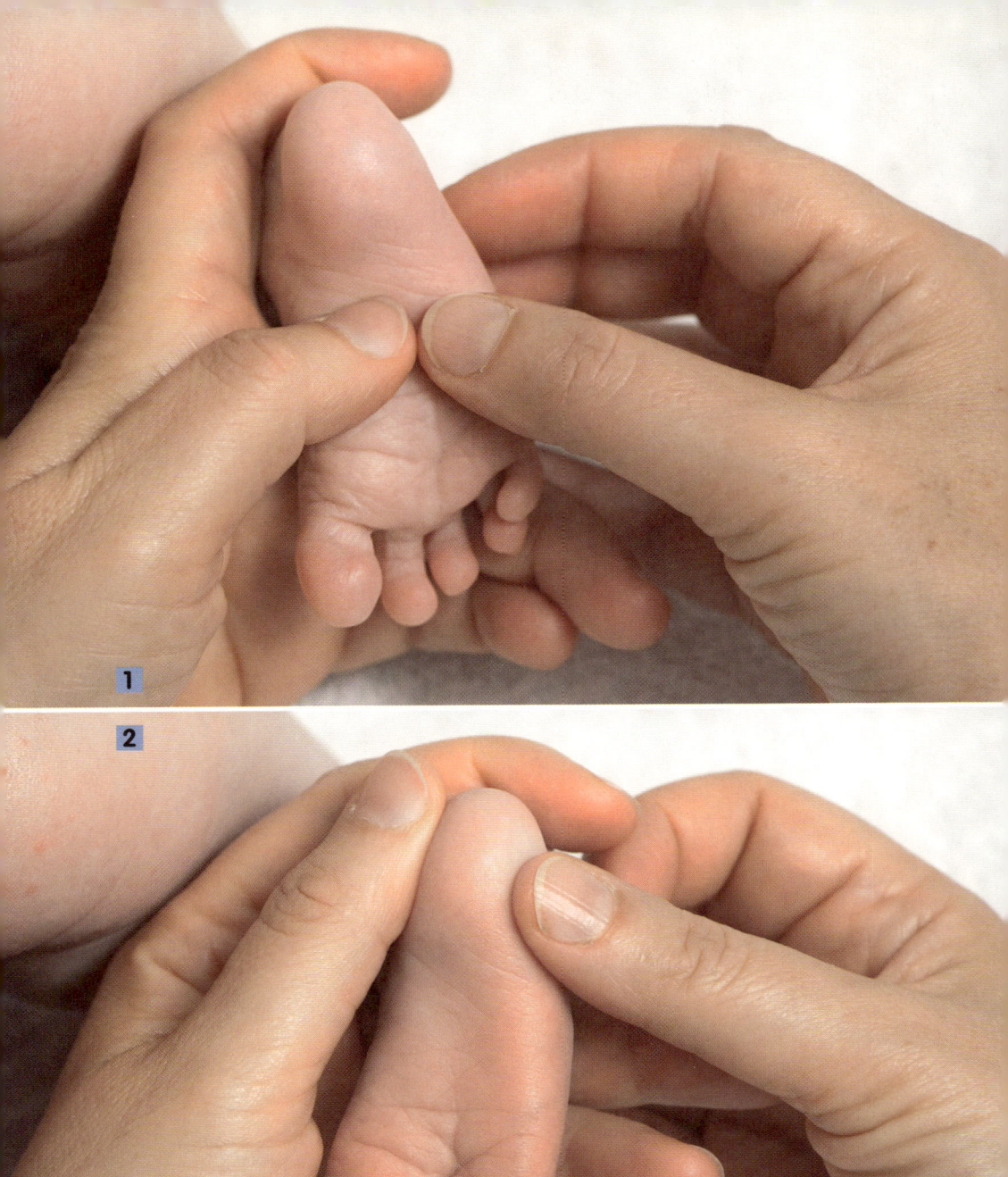

# Le massage du pied

1. Réalisez une prise en V entre votre index et votre majeur et glissez-y le pied du bébé. Avec vos pouces, massez le pied. Veillez à bien le contenir avec votre paume. Le pied disparaît dans votre main.

2. Massez tout le pied, la ligne médiane, mais aussi le talon, les bords, les bases des orteils et les orteils, les chevilles...

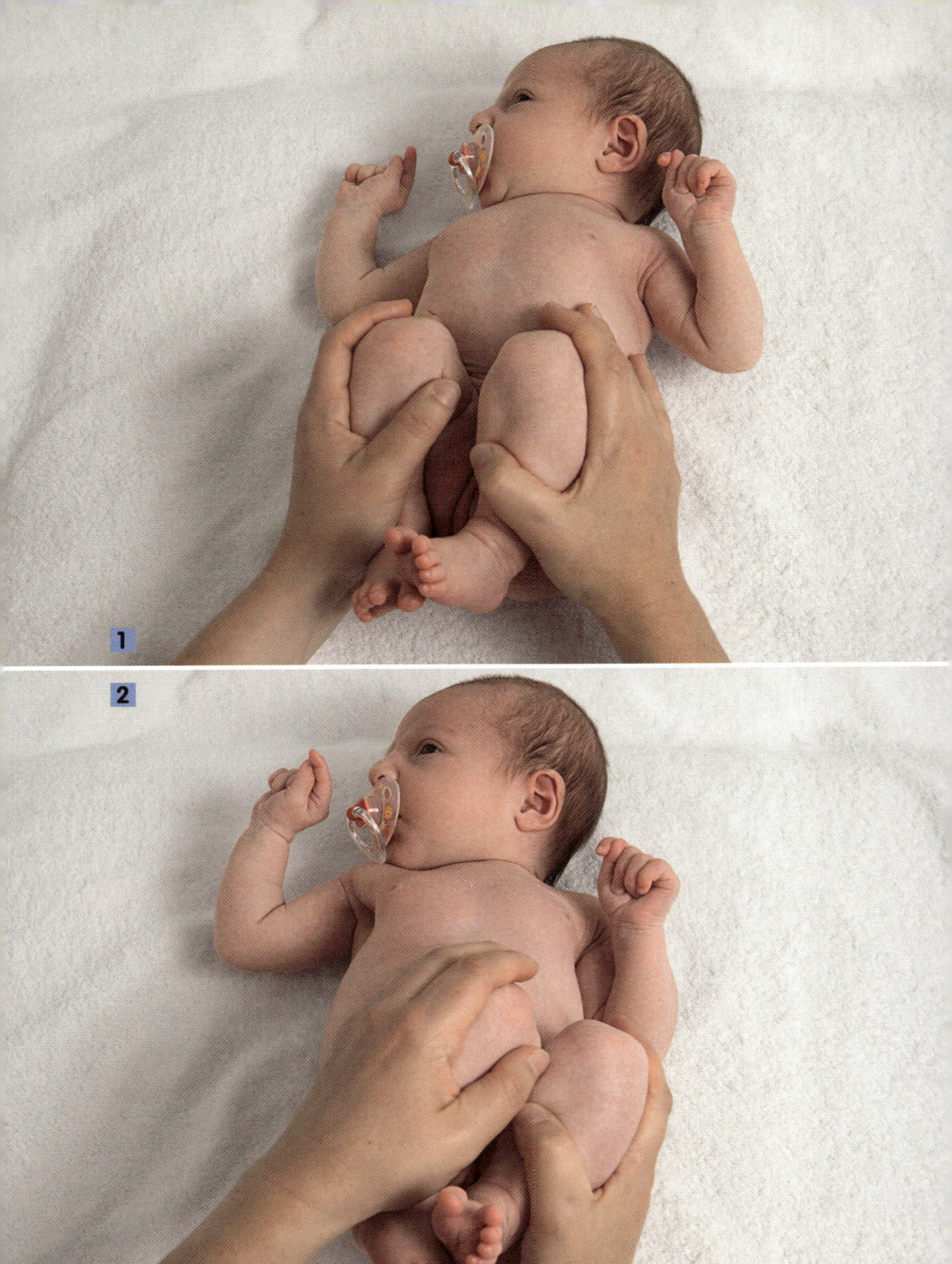

# Le massage du ventre

Les massages que nous venons de voir sont avant tout des « massages plaisir ». Mais il existe aussi des massages plus thérapeutiques. Le plus courant est le massage du ventre. Ce massage est utile pour soulager les nouveau-nés qui souffrent de coliques. Un mal assez fréquent, puisqu'il touche un bébé sur trois.

La technique de massage avec les genoux a l'avantage d'entraîner le bassin en retroversion (enroulement du bas de la colonne), ce qui soulage naturellement les douleurs de coliques et favorise l'évacuation des selles.

1. Fléchissez les deux genoux du bébé. Ramenez-les vers son nombril, en veillant à maintenir les deux genoux serrés. Pour ce faire, placez vos paumes de chaque côté des genoux, doigts sur l'avant des cuisses.

2. Réalisez des cercles dans le sens des aiguilles d'une montre en maintenant bien les genoux en contact avec le ventre du bébé.

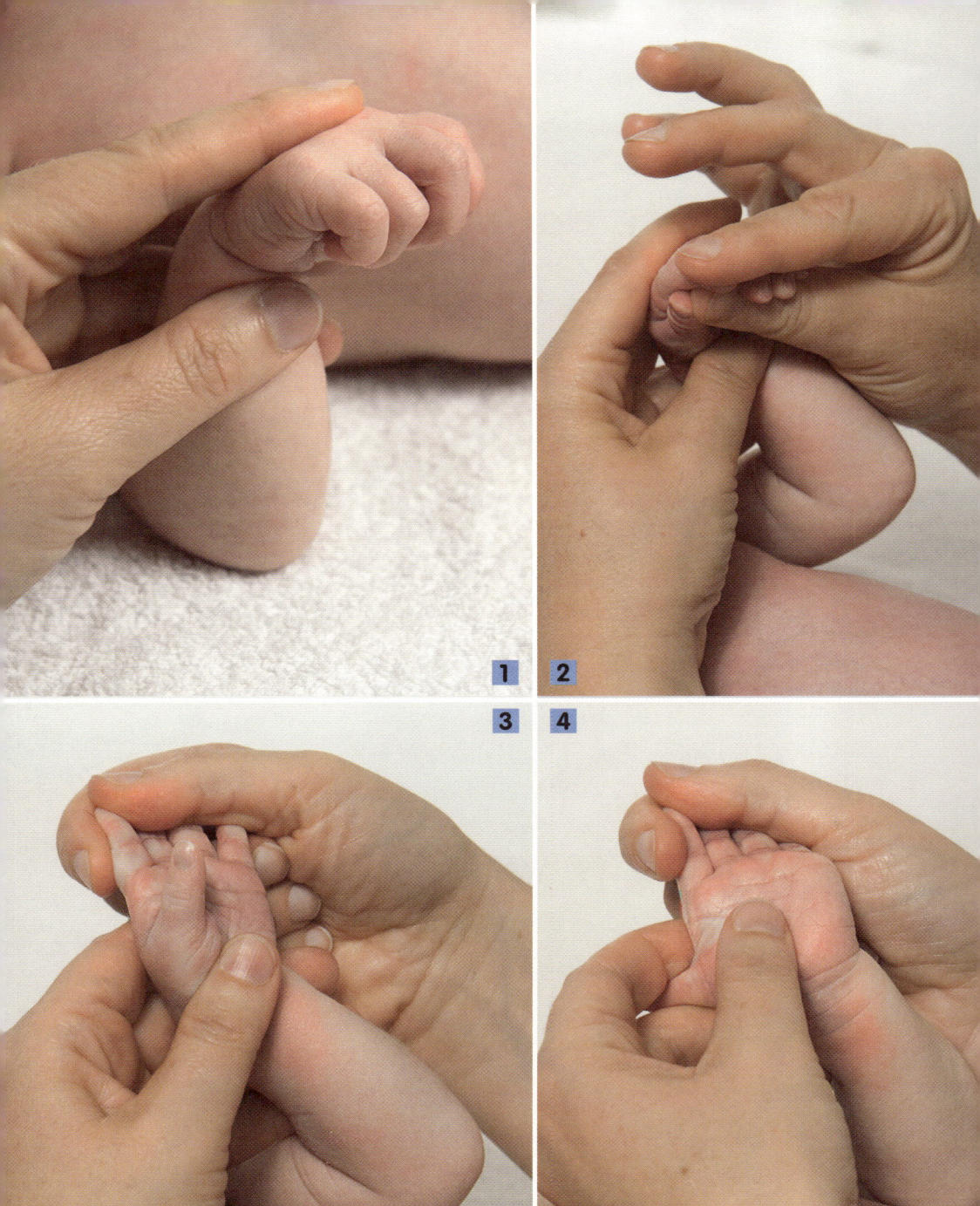

# Une astuce pour ouvrir la main de bébé

À la naissance et jusqu'au troisième mois de votre bébé, la main est le plus souvent fermée. En effet, les bébés ont un réflexe archaïque appelé « grasping » qui les empêche d'avoir une motricité volontaire d'ouverture et de fermeture de la main.

Vous pouvez utiliser la technique qui suit si votre bébé n'ouvre pas la main quand vous passez le doigt de la base de sa paume vers ses doigts.

1. **Réalisez une flexion du poignet de votre bébé en plaçant l'index sur le dos de sa main. Les doigts s'ouvrent légèrement.**

2. **Avec l'autre main, réalisez une pince en baguette entre le pouce et l'index et glissez-la jusqu'aux dernières phalanges de la main de votre bébé.**

3. **Replacez la main dans une position de rectitude ou d'extension, sans lâcher votre pince. Vos autres doigts réalisent un contre-appui sur le dos de la main du bébé.**

4. **Avec la main libre, coincez le pouce du bébé avec votre index. Vous êtes prêt(e) à masser la main.**

# Prendre **soin** de **bébé** avec l'Ayurvéda

*Par Danielle Belforti, praticienne de massages ayurvédiques, de shiatsu et formatrice*

**C**onnaissez-vous l'Ayurvéda ? Cette approche ancestrale et globale du bien-être de la mère et de l'enfant inclut massages, yoga, petits jeux avec votre enfant. Bref, c'est un moyen idéal de prendre soin de lui en douceur… tout en vous amusant et en renforçant vos liens !

## L'Ayurvéda, une approche venue de l'Inde

**L'Ayurvéda est une pratique, un art de vivre, datant de plus de cinq mille ans, qui nous vient de l'Inde ancienne.** Il s'appuie sur la connaissance approfondie de l'être humain dans toutes ses dimensions.

On compare parfois la médecine ayurvédique à la médecine traditionnelle chinoise, avec laquelle elle partage un certain nombre de points de vue. Mais l'Ayurvéda lui serait antérieur : véritable médecine en Inde, cette pratique est à la fois un art de vivre présent dans chaque famille, empreint de simplicité et de bon sens, mais aussi une médecine de pointe qui peut prendre en charge des pathologies lourdes, avec une pharmacopée efficace, dans le cadre hospitalier et universitaire. **L'Ayurvéda est une médecine reconnue également, au Sri Lanka, au Bhoutan, en Grande-Bretagne... En France, c'est une approche de bien-être, essentiellement réputée pour ses massages.**

Mais de nombreuses pratiques ayurvédiques peuvent être appliquées dans le monde entier, avec de simples moyens familiaux, si l'on en a bien compris les fondements.

L'immense richesse de l'Ayurvéda est de s'enraciner dans une histoire, à travers les différents temps d'une vie. **Dans l'Ayurvéda, la place de la femme et de l'enfant est prépondérante : la mère est élevée au rang de la plus grande et la plus belle créatrice, créatrice de vie. L'enfant est sacré, bien avant sa naissance.**

Pratiquer le massage des bébés selon la tradition ayurvédique est une approche assez connue en Occident, mais elle n'est qu'un tout petit aperçu de ce que propose l'Ayurvéda. En réalité, vivre l'Ayurvéda avec bébé, cela commence dès le moment où la jeune fille a ses premières règles. C'est une vision qui peut sembler étonnante : pourtant, une jeune fille dont l'organisme est équilibré deviendra une future maman...

**L'Ayurvéda propose plusieurs axes, indissociables : alimentation, allaitement, hygiène de vie, exercices physiques et respiratoires, massages et soins ayurvédiques...** Mais aussi l'épanouissement des capacités personnelles, la sensibilité artistique, la réceptivité... Pour le bébé, la symbiose avec la maman est telle que parler du bien-être de l'un ne va pas sans évoquer celui de l'autre.

Et l'existence du bébé commence non pas le jour de la naissance, mais dès sa conception. De nombreuses études sur le bébé l'ont d'ailleurs attesté aux cours des dernières décennies, et le champ d'exploration est encore vaste.

**Selon l'Ayurvéda, la santé, physique et émotionnelle des parents au moment de la conception va influencer certains aspects de la personnalité de l'enfant.** Pendant la grossesse, l'alimentation de la mère, son rythme de vie, ses émotions vont littéralement nourrir l'enfant et participer à ce qu'il deviendra. Après la naissance, si la maman allaite, nous savons que ce qu'elle mange modifiera la composition du lait maternel. Les émotions qu'elle ressentira seront immédiatement captées par le nouveau-né. D'où la nécessité absolue d'envisager la santé du petit d'homme sous un angle large, à la fois dans le temps et dans les différentes dimensions de l'être : c'est là que l'Ayurvéda apporte un éclairage précieux et enrichissant.

# Baby yoga

**Par facilité, nous appelons baby yoga certaines pratiques physiques que l'on peut proposer à un jeune enfant.** Mais limiter le yoga à des exercices de gymnastique serait bien dommage ! D'ailleurs, un bébé a-t-il besoin de faire des mouvements de gym comme les adultes ? Notre approche est plutôt celle d'une stimulation de l'enfant, de découverte de son corps au fur et à mesure de sa croissance, un développement de tous ses sens, par le contact avec ses parents, le jeu, les câlins.

**Notre baby yoga est en relation étroite avec le massage.** Dans la tradition du massage indien, les bébés sont massés à partir du 28e jour. Au cours du premier mois, la maman peut proposer à son bébé de petits jeux pour éveiller sa conscience du corps et de l'espace. C'est une option intéressante aussi pour les bébés prématurés, que l'on ne massera pas trop tôt, mais à qui on fera découvrir les bienfaits (indispensables !) du toucher, même à travers les vêtements.

Plus grands, les bébés peuvent recevoir un massage qui se terminera par des étirements légers, des postures, proposés sur un mode ludique... Ces pratiques peuvent aussi être faites séparément et s'enrichir au fur et à mesure, comme des séquences de jeu.

Et toute la vie devient yoga !

## « Mon corps dans l'espace »

### Les vagues douces

Allongez bébé sur vos mains, une sous les fesses, une sous la nuque. Dessinez des vagues dans l'espace, devant vous. Tantôt, les fesses du bébé sont plus hautes que la tête, tantôt vous inversez. Ce mouvement très doux agit sur la circulation du liquide céphalo-rachidien (comme les bercements classiques !).

### Mon cœur tout près du tien

Tenez votre bébé face à vous, au niveau du cœur, en le prenant sous les bras et sous les fesses. Éloignez-le de vous en allongeant les bras et rapprochez-le contre votre poitrine, à plusieurs reprises. Le bébé explore l'espace horizontal tout en étant en contact avec le cœur émotionnel.

### Tout en haut, tout en bas

S'il s'agit d'un tout-petit, maintenez votre bébé assis sur une main, l'autre le soutient sous l'aisselle. Plus tard, adaptez la prise en fonction du poids de l'enfant. Montez et descendez doucement selon une ligne verticale. Votre bébé peut rester dans cette position quelques instants, même tout petit, du moment qu'il se sent bien en sécurité, aidé par la voix, le regard. Il expérimente ainsi la verticalité, l'autonomie et la stabilité par la position sur le siège.

### Twist again

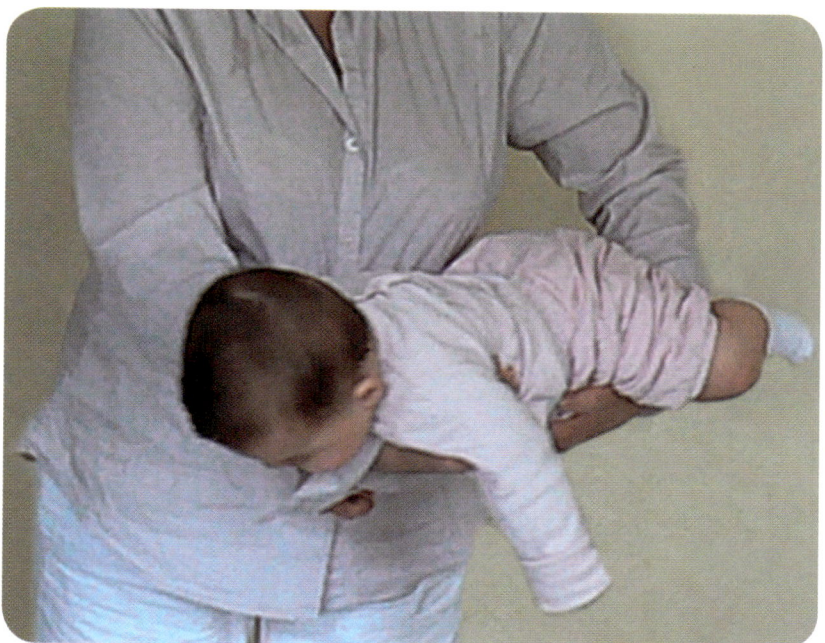

Un mouvement en torsion : allongez bébé à plat ventre sur votre avant-bras et effectuez de légères torsions du buste à droite et à gauche, sans à-coups. L'enfant voit le monde sous un autre angle. Cette posture est souvent d'un grand secours pour les coliques.

## Petits étirements

### La grenouille

Votre bébé est allongé devant vous (de préférence sur le sol, pour la stabilité, la sécurité, le contact symbolique avec la terre). Les jambes sont repliées, les plantes de pied se touchent. Les genoux s'ouvrent naturellement vers l'extérieur. En maintenant les pieds, tapotez légèrement sur les cuisses, c'est un mouvement qui procure une grande détente et qui amuse les bébés.

### Le yogi

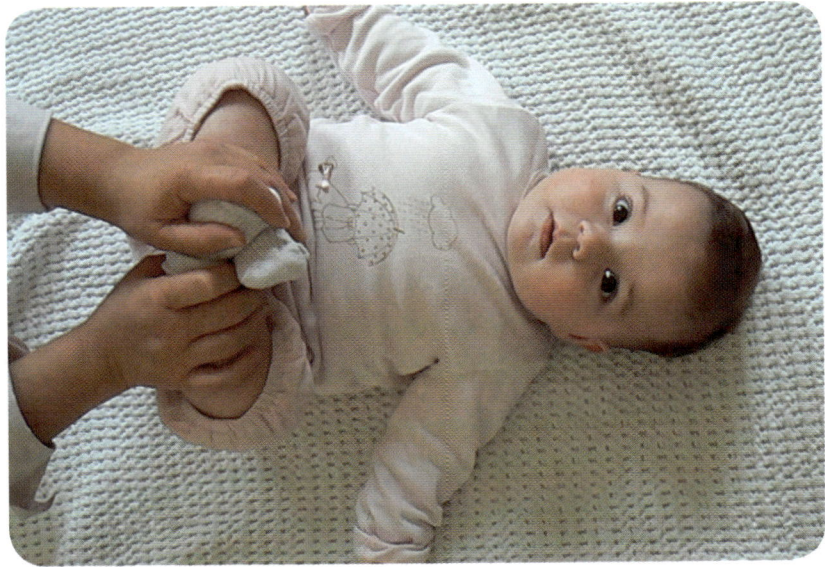

Votre bébé est allongé sur le dos, jambes repliées, croisées au niveau des chevilles. Remontez ses jambes sur l'abdomen, naturellement et sans forcer. La position est souveraine pour les ballonnements, les coliques et procure un léger étirement du bas du dos.

## L'avion

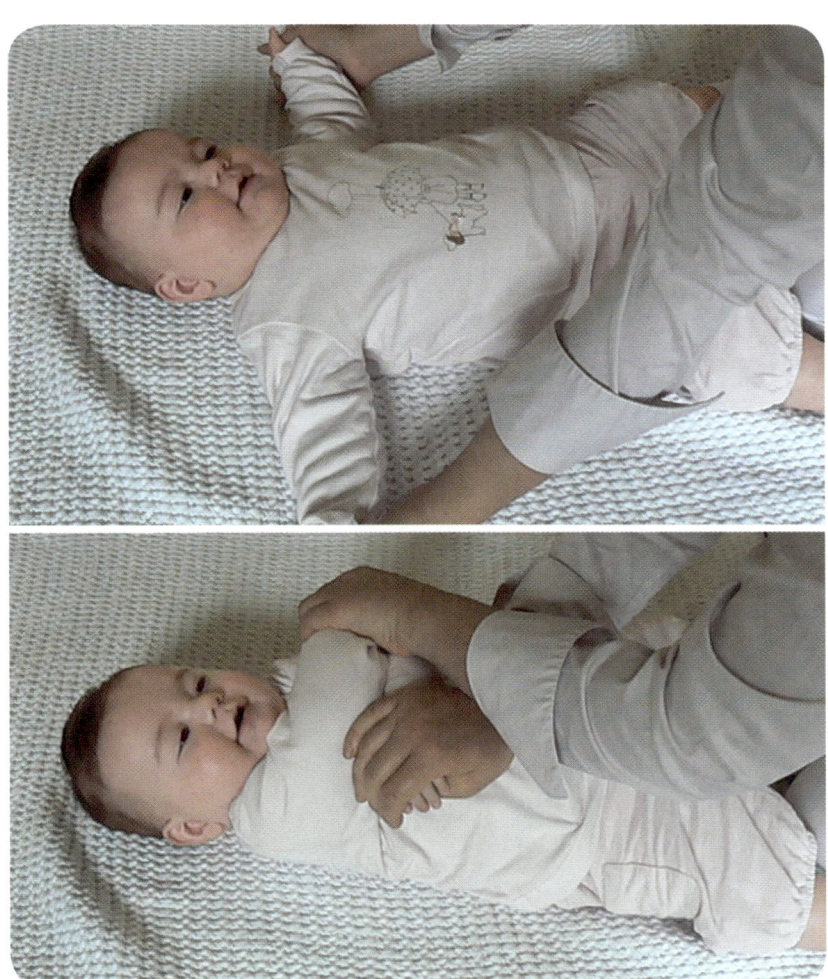

Un petit jeu au niveau des bras : croisez les mains de votre bébé devant le cœur, puis écartez les bras à l'horizontale, comme un avion. Vous pouvez inventer une petite comptine que l'enfant gardera en mémoire.

**Très très grand**

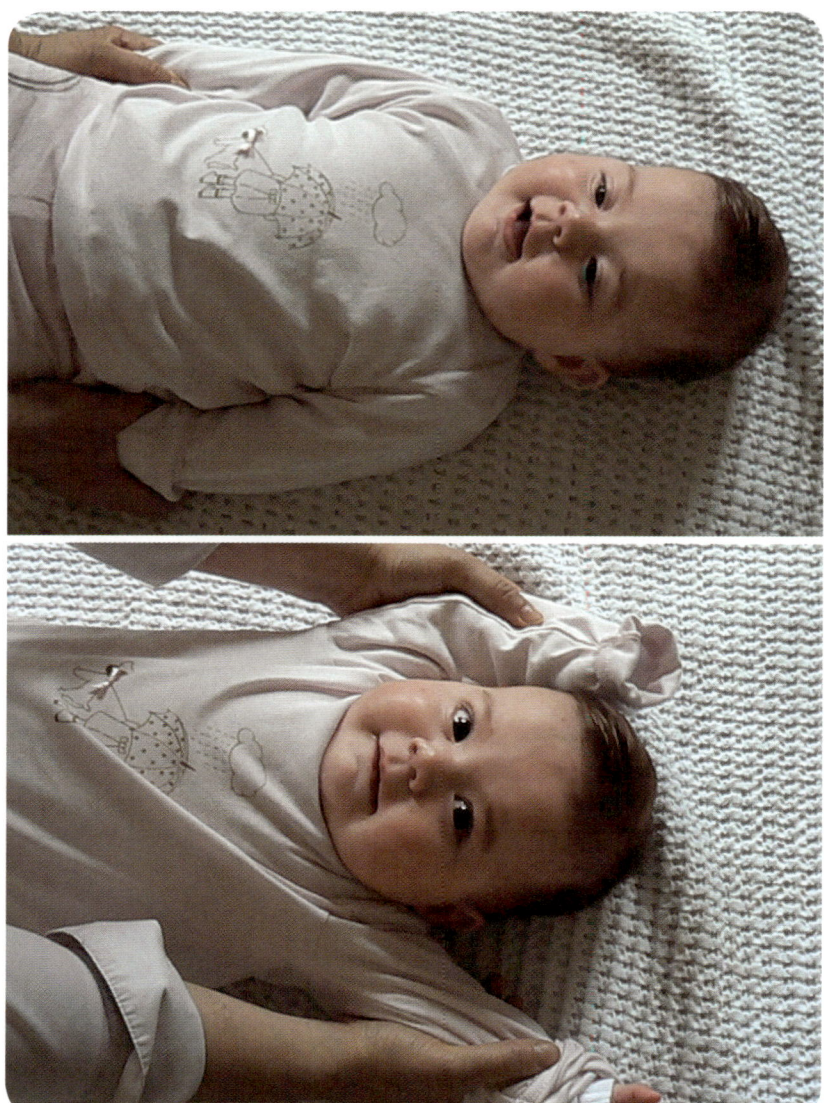

Allongez les bras de votre bébé le long du corps. En prenant les poignets, remontez les bras au-dessus de la tête. Puis redescendez les bras le long du corps et recommencez plusieurs fois. Ces mouvements de bras ouvrent la cage thoracique, libèrent la respiration et le diaphragme (il peut donc y avoir aussi une répercussion sur les organes abdominaux, d'où une meilleure digestion...).

## Le pédalo

Prenez les chevilles de votre bébé et effectuez un mouvement de pédalage. Attention seulement à ne pas forcer si votre bébé résiste, en particulier pour ses hanches et ses genoux. Il doit être bien détendu !

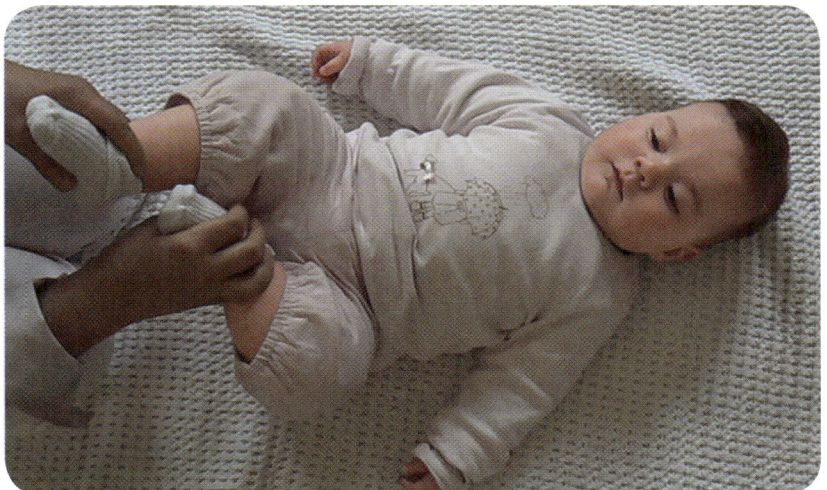

▶ Pour toutes les suggestions de ce chapitre, respectez l'envie de l'enfant, il ne doit y avoir aucune tension, aucune fatigue ou saturation : rien n'est obligatoire, même s'il est écrit dans les livres que c'est bien pour les bébés ! Seul votre enfant est juge !

# La peau de bébé : à traiter avec le plus grand soin !

La peau est un organe important de notre corps. Celle du bébé est très différente de celle de l'adulte.

Le rapport surface corporelle/poids est plus important chez le bébé que chez l'adulte. Proportionnellement, la superficie de la peau de celui-ci est beaucoup plus grande que la nôtre. Les produits de massage pénètrent dans le corps par la peau. Il faut donc mettre de faibles quantités d'huile pour éviter de trop saturer le bébé. Sauf en Ayurvéda, où l'on fait parfois de véritables bains d'huile.

Plus fine que la nôtre, la peau du bébé ne produit pas de film lipidique (film gras). Il faut donc utiliser pour le massage un support graisseux pour éviter les échauffements.
Le pH de la peau du bébé est neutre (7). Il devient ensuite plus acide, pour protéger le corps des agressions extérieures.

## Les huiles de massage selon la tradition ayurvédique

En massage, en particulier sous l'angle ayurvédique, l'huile végétale tient une place très importante, par sa nature et par sa qualité.

Par sa nature biochimique et sa texture, l'huile nourrit la peau, l'assouplit. Elle agit également sur les tissus sous-jacents, muscles, articulations, non par pénétration, mais en synergie avec les mouvements du massage, qu'elle facilite.

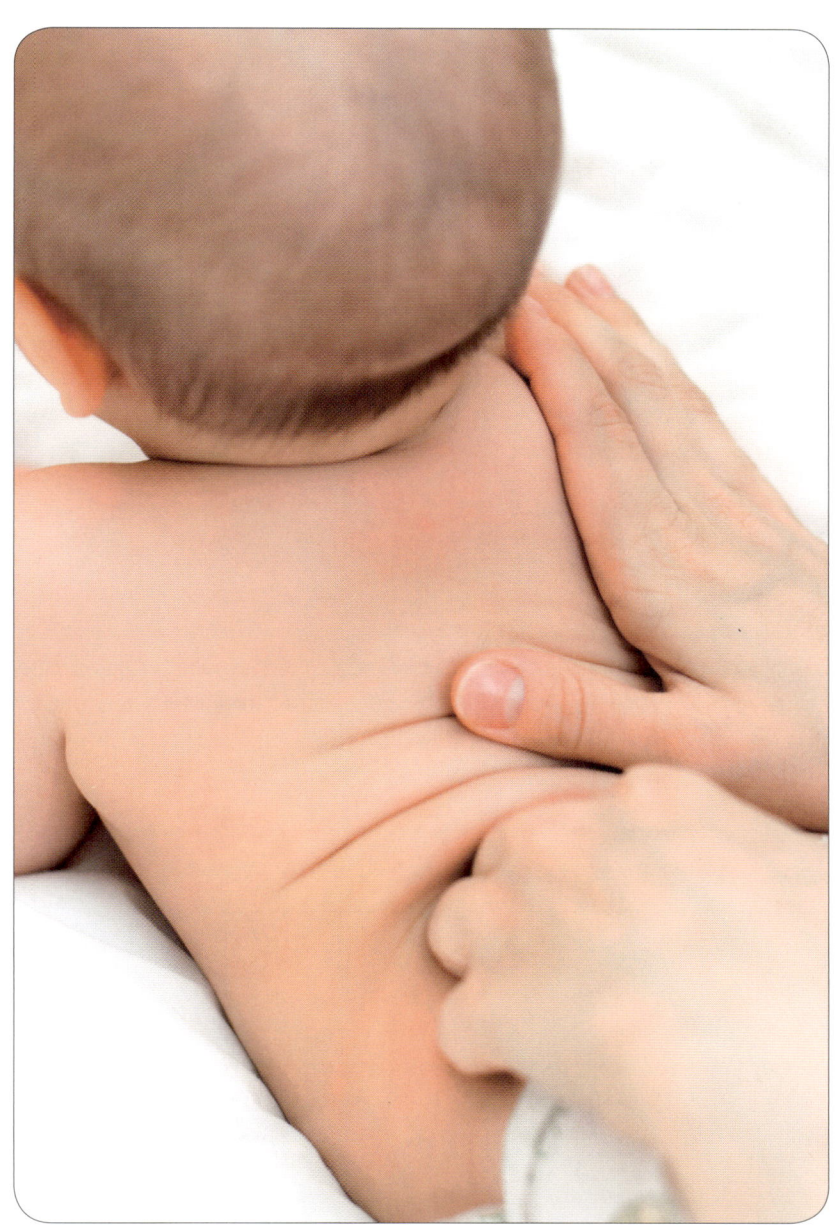

Selon son type, sa fluidité, elle pénètre plus ou moins au niveau de l'épiderme et du derme. Grâce à sa composition en acides gras, en vitamines (la vitamine E en particulier) et autres nutriments, elle « alimente » les tissus.

## Les principaux types d'huiles et leurs propriétés :

▶ **les plus grasses, qui restent en surface (épiderme) : olive, avocat, germe de blé ;**

▶ **un peu plus fluides, pour une action au niveau du derme : amande douce ;**

▶ **les plus fluides, qui peuvent pénétrer dans l'hypoderme : sésame, noisette, tournesol, pépin de raisin.**

L'huile d'amande douce, la plus connue du grand public, est assez épaisse et nous ne la conseillons que si la peau du bébé est vraiment très sèche.

L'huile apaise, adoucit, calme et soulage naturellement les douleurs. On dit qu'elle équilibre Vata. Vata est un terme ayurvédique qui permet de caractériser la constitution d'une personne ou de tout élément de la nature et de l'univers, aussi bien sur un plan physique que sur un plan psychique, émotionnel...

Le principe : on recherche l'équilibre en apportant la qualité inverse. Par exemple, l'huile est grasse, lourde, moelleuse ; elle apportera par sa nature un bienfait à ce qui est sec (peau sèche), raide (comme une articulation), léger (ou volatil comme une douleur).

L'Ayurvéda utilise différentes huiles, selon leur qualité énergétique. On adoptera donc une huile en fonction des circonstances : facteurs extérieurs ou paramètres liés au bébé et à sa situation.

**L'huile de coco** est rafraîchissante. On l'utilise pure ou en base de préparations dans les pays chauds, en été ou sur certaines parties du corps qui doivent rester fraîches (la tête).

**L'huile de moutarde** est réchauffante : elle sera choisie pour un massage du ventre, pour détendre des muscles contractés, en cas de refroidissement ou en période de froid. Mais attention, seulement sur de petites parties du corps, avec prudence chez le bébé. Elle est un peu moins facile à trouver, le choix est donc moindre.

**L'huile de sésame** est équilibrée et neutre, très légèrement réchauffante.

**L'huile de la région où vous vivez** est une excellente solution : une huile d'olive si vous vivez dans une région méditerranéenne, par exemple. Il y a toujours, là où nous habitons, les produits naturels adaptés à la situation.

**L'huile la plus utilisée en Ayurvéda, pure ou mélangée à des plantes, est l'huile de sésame.** Elle est neutre, fluide, elle satine la peau. Elle a des propriétés bactéricides. Elle convient à tous les âges et à toutes les parties du corps. On l'utilise tiède, voire un peu chaude. Elle est en général parfaitement tolérée si l'on garde à l'esprit ce point primordial : la qualité de l'huile doit être irréprochable. Elle doit être bio, sans additif, ni produit conservateur, ni parfum.

**Pourquoi bio ?** Non pour céder à ce que certains appellent une mode, mais simplement parce que la peau est comme un organe, le plus étendu de tous, et qu'une de ses multiples fonctions est l'assimilation. L'huile pénètre réellement dans le corps par la peau. Si elle contient des pesticides, des résidus dus à un chauffage excessif ou à un raffinage, ils vont être absorbés et risquent de rejoindre la circulation générale. À moins qu'ils ne bouchent tout simplement les pores de la peau, créant ainsi une forme d'asphyxie. Le choix est alors simple : magasins bio, rayon huiles de table (première pression à froid) ! Et rien d'autre !

Massage, baby yoga, relaxation…

# Peut-on parfumer une huile de massage ?

**Le parfum peut faire plaisir à la maman, mais pour le bébé, ce n'est pas si neutre !** L'importance de l'odorat chez les tout-petits est bien connu : toutes les mamans savent que les enfants n'aiment pas qu'on lave leur doudou. Et que les premiers jours d'adaptation en milieu collectif se passent mieux si l'on donne au bébé un vêtement que la maman a porté et qui va le rassurer par son odeur.

**Parfumer les huiles de massage ne ferait que brouiller les messages olfactifs.** Bébé a déjà beaucoup d'informations à traiter pour découvrir le monde ! Sans compter que les odeurs marquent les mémoires très profondément, car elles s'enregistrent directement au niveau de notre cerveau dit « reptilien », celui qui concerne davantage nos instincts et nos émotions. À l'inverse de notre cerveau « cortical » qui, lui, gère davantage la raison, l'intelligence, la réflexion.

# Petites astuces

▸ **En cas de ballonnements, de coliques,** une goutte d'huile de moutarde dans le nombril sera d'un grand secours (avec la main de maman posée sur le ventre !).

▸ **Une petite plaque qui ressemble à de l'eczéma** (non suintant et peu étendu – en cas de doute, consultez le dermatologue) ? Essayez l'huile de carthame (magasins bio).

▸ **Un sommeil agité ?** Enduisez le crâne du bébé d'huile de sésame, en massant tout doucement (et protégez votre enfant du froid par un petit bonnet).

▸ **Un rhume, un refroidissement ?** Apportez de la chaleur avec un massage à l'huile de sésame légèrement chaude dans laquelle on aura fait infuser quelques graines de thym indien (ajowan).

# Les huiles essentielles : une fausse bonne idée pour mon bébé !

Les huiles essentielles (HE) – à ne pas confondre avec les huiles végétales utilisées en massage – sont des substances extraites des plantes aromatiques. Elles sont exceptionnelles d'efficacité thérapeutique, de puissance, de diversité. On les connaît surtout dans le grand public pour leur pouvoir odorant qui procure un plaisir olfactif, en diffusion atmosphérique ou dans les produits de beauté.

Leur succès ou le fait qu'elles proviennent de plantes ne doivent pas faire oublier que ce sont des substances très puissantes, concentrées, parfois d'une certaine toxicité (neurotoxicité, hépatotoxicité, photosensibilisation…). Une parfaite connaissance des huiles essentielles est nécessaire pour en faire une utilisation juste. En particulier au sein de la famille, et encore plus quand il s'agit de bébé.

Par mesure de précaution, gardez en mémoire quelques règles de base :
▶ pas d'utilisation d'HE (notamment en massage) chez le bébé avant 3 ans et chez la femme enceinte ou allaitante ;
▶ certaines HE sont utilisables en pédiatrie, à partir de 6 ans, car elles ne présentent pas d'effet toxique dans des conditions d'utilisation adéquates. Citons à titre indicatif la lavande vraie (harmonisante, apaisante…), le ravensare aromatique (problèmes pulmonaires, infectieux, immunitaires), le bois de rose. Consultez un thérapeute confirmé avant de les utiliser ;
▶ pas d'absorption, utilisation seulement en application externe et avec les dilutions appropriées ;
▶ certaines HE utilisées en diffusion atmosphérique sont bienfaisantes (lavande ou mandarine pour calmer, eucalyptus radiata en

Massage, baby yoga, relaxation...

période infectieuse, citronnelle pour une action antimoustique...).
Dans ces cas, diffusez les HE avec un diffuseur une dizaine de
minutes avant que le bébé n'entre dans la pièce. Toutefois, même
en diffusion atmosphérique, certaines HE sont déconseillées (irritantes, neurotoxiques...).

Comme pour les huiles végétales, aucune concession sur la qualité,
même en diffusion atmosphérique. Les HE doivent être :
▸ 100 % pures (c'est-à-dire sans mélange de plantes) ;
▸ 100 % naturelles (sans produits de synthèse) ;
▸ 100 % intégrales (le mode d'extraction doit être bien conduit
  pour extraire la totalité des principes actifs caractéristiques de
  la plante) ;
▸ 100 % chémotypées (sigle HEBDD[2] ou HECT[3]), c'est-à-dire que
  l'on connaît leur typologie chimique :
  ● leur provenance (lieu de culture, biotope – cela influence
  la composition),
  ● la partie distillée (fleurs, feuilles, écorce, etc. – chaque
  partie contient des proportions et des natures différentes
  de principes actifs),
  ● l'espèce et la sous-espèce botaniques,
  ● la famille de molécules biochimiques extraites (par exemple,
  thym à thymol ou thym à linalol). Chaque famille biochimique
  possède des propriétés particulières (anti-infectieuses,
  analgésiques, antihistaminiques, expectorantes...).

Ces deux sigles sont différents du label Bio, qui est un facteur de qualité supplémentaire en ce qui concerne le mode de culture.

---

2. Huile essentielle botaniquement et biochimiquement définie.
3. Huile essentielle chémotypée.

Dans tous les cas, lisez attentivement les étiquettes. Mieux vaut savoir de quoi on parle ! L'eucalyptus radiata n'a pas les mêmes caractéristiques que l'eucalyptus globulus : l'un peut avoir un usage pédiatrique, l'autre peut donner des convulsions ! Acheter de l'HE d'eucalyptus « tout court » ne veut rien dire. De même, la lavande vraie n'est pas la même que la lavande aspic ou que le lavandin… pour ne citer que des exemples très connus.

À titre d'information, voici quelques huiles à usage pédiatrique pour les plus grands : ravensare aromatique, eucalyptus radiata, bois de rose, palmarosa, lavande(s), *tea tree* (arbre à thé)…

Et celles qu'il faut éviter à tout prix pour les enfants : menthe, cannelle, eucalyptus mentholé, huiles essentielles à lactones (laurier noble, par exemple), à cétones (cèdre), à phénols (girofle)…

Notons que les hydrolats de plantes aromatiques, moins connus, sont une excellente alternative aux huiles essentielles (l'hydrolat est la partie aqueuse issue de la distillation des plantes, alors que l'huile essentielle est la fraction liposoluble. L'hydrolat est très peu concentré). En revanche, si la maman allaitante utilise des HE, le bébé peut en bénéficier indirectement : par exemple, une goutte d'huile essentielle de fenouil sur la plante des pieds de la maman favorise l'allaitement et réduit les ballonnements chez l'enfant (la tisane de fenouil marche très bien aussi !).

Pour résumer : sur les HE, renseignez-vous comme si vous étiez une éternelle néophyte et mettez constamment à jour vos connaissances. Ce sujet passionnant en vaut la peine !

# Détente et relaxation

Par Danielle Belforti, praticienne de massages ayurvédiques,
de shiatsu et formatrice

**U**n bébé bien dans sa peau est un bébé dont la maman sait join-dre l'utile à l'agréable. En plus des soins de tous les jours, savoir prendre le temps de se détendre avec son enfant, de jouer avec lui, est inestimable. L'Ayurvéda et le yoga proposent des pistes variées en ce sens. De quoi recharger ses batteries... mais aussi les vôtres !

## Je me repose avec maman

Il est évident que l'on sent parfois son enfant inquiet, agité... et que l'on aimerait lui transmettre un état de bien-être, le voir paisible et souriant en toute circonstance.

Alors, c'est tout simple : il suffit de relaxer sa maman (ou l'entou-rage) ! Des techniques ? Simplement retrouver le corps à corps ras-surant, la chaleur d'un contact, le plaisir de se blottir mutuellement contre un cœur qui bat.

La jeune accouchée peut profiter des moments de calme pour s'allonger et poser son bébé sur son ventre ou sa poitrine. De grandes respirations profondes et calmes apaiseront la maman et le bébé. Si la maman peut recevoir un massage des pieds, elle se reposera efficacement et récupérera plus facilement.

L'Ayurvéda propose un massage particulier, qui se pratique en frottant un bol métallique sur la plante des pieds pendant trente à quarante minutes. Il produit une relaxation profonde, des phases de sommeil réparateur et agit sur l'ensemble des points clés situés sur les pieds (et donc sur l'ensemble du corps). Cette pratique, originaire du Gujarat, une région de l'ouest de l'Inde, se nomme Kansu®.

D'autres techniques comme le yoga nidra, ou toute autre technique que la maman apprécie, seront bienfaisantes.

Le yoga nidra est une pratique de détente en phase limite du sommeil : elle consiste, de façon schématique, à prendre conscience de chaque partie du corps, pour relâcher les tensions dans les moindres recoins. Lorsque le corps est complètement détendu, il devient plus réceptif à des visualisations, des images positives, qui vont infuser au plus profond de son être. La maman peut, par exemple, « se voir » parfaitement détendue et souriante dans un lieu qu'elle aime, avec son enfant dans les bras, ou répéter une petite phrase : « Je me sens très calme et j'élève mon enfant dans la joie »... Cette pratique est très régénérante pour le corps et le mental.

Le bébé et la maman sont en grande symbiose dans les premiers mois. L'enfant ressent tous les états de sa maman, comme lorsqu'il était in utero. Il capte, au son de sa voix, à la présence de ses mains, à la douceur ou non de ses gestes, ce qu'elle est, ce qu'elle vit, gaieté, fatigue, soucis, détente... Il est même admis que les états émotionnels de la maman peuvent modifier les caractéristiques du lait maternel et donc agir sur le nourrisson. D'où l'immense responsabilité de la mère et de tout l'entourage pour créer une atmosphère aussi positive et paisible que faisable ! Parfois, ce n'est pas faisable ou difficilement, mais les bébés savent aussi s'adapter, sachons leur faire confiance.

# Je joue avec maman

Se relaxer ensemble peut aussi passer par des jeux plus toniques : quand on s'amuse ensemble, quand on rit, tout va beaucoup mieux !

## Bateau sur l'eau

Allongez-vous sur le dos. Posez votre enfant à plat dos sur votre ventre. Ramenez vos genoux vers la poitrine en entourant votre bébé et balancez-vous légèrement à droite et à gauche, comme un bateau qui tangue (des refrains de chansons enfantines vont certainement vous revenir en mémoire !). L'exercice est souverain pour les lombaires qui sont massées en douceur. L'amplitude du mouvement est à adapter en fonction de l'état de votre ceinture abdominale après l'accouchement.

## Gros chaton

Placez-vous à quatre pattes, genoux au sol. Votre bébé est allongé sur le sol, entre vos bras. Faites l'exercice du chat, le gros dos, puis le dos plat (n'allez pas jusqu'à l'inversion de la courbure pour le moment, le dos d'une jeune maman est encore fragile). Pratiquez très doucement, en prenant conscience de tout ce qui se passe dans votre corps. C'est un excellent automassage du dos et votre bébé sera certainement surpris de voir sa maman sous cet angle !

## En musique ? Pourquoi pas, mais avec modération !

Masser son bébé au son d'une musique douce ou d'une comptine, voilà un programme attrayant. La musique peut être un support de relaxation et de détente pour le bébé et sa maman. Le son, les mélodies nous portent vers des états de gaieté, de tonus, de paix ou, à l'inverse, vers la mélancolie ou l'agitation. Le son est une nourriture, comme l'est tout ce que nous ingérons par le biais de nos cinq sens. Ce que nous voyons, ce que nous touchons, ce que nous sentons crée autant d'informations que le cerveau va traiter, enregistrer, sélectionner, digérer... L'importance des cinq sens pour le bébé est bien sûr immense. Ils participent à son éveil, à son intelligence, à la construction de son être, à son éducation relationnelle et artistique.

Pour la musique que nous proposons à nos bébés, nous devrions être aussi vigilants et sélectifs que pour son alimentation. Pour cela, il est conseillé de privilégier ce qui est simple, naturel, disponible.

▶ La voix de la maman, du papa, de l'entourage, est la plus belle des musiques. Elle est porteuse, quel que soit le talent musical de chacun, d'humanité, d'attention spécifique à l'enfant.

▶ Les petites berceuses ou comptines alimentent une mémoire qui, à l'âge adulte, réveillera des souvenirs, des sensations enfouies, dès les premières notes. Elles véhiculent notre héritage social, culturel, familial et enrichissent notre patrimoine, même si ce sont de petites mélodies toutes simples.

▶ Les musiques jouées avec des instruments plutôt que des synthétiseurs nourriront l'ouïe de l'enfant. Les musiques dites de « relaxation » seront soumises au sens critique des parents. Les bébés aiment le rythme, le contraste, les mélodies, et leur éducation à la beauté peut être très précoce. Épargnons-leur les « bouillies musicales » au profit de sons plus savoureux et plus personnels.

▶ Les bruits de la nature, oiseaux, cascades... sont de bons choix aussi (sous forme de promenade, c'est encore mieux !).

▶ Et gardons une place de choix à de beaux et bienfaisants silences, surtout pour les bébés citadins !

**Sources**
* Centre Tapovan, centre de yoga et d'Ayurvéda – Paris XVe. Kiran Vyas.
* Institut français de shiatsu et de psychologie corporelle appliquée – Paris XVe. Michel Odoul (shiatsu), Elske Miles (aromathérapie et phyto-énergétique).

# Astuces pour simplifier la vie de bébé et de ses parents !

Par Isabelle Gambet-Drago,
masseuse-kinésithérapeute et formatrice en massage bébé

**H**abiller et déshabiller bébé n'est pas toujours aussi simple qu'il y paraît au premier abord. Voici quelques astuces pour améliorer la qualité de ce temps passé avec votre enfant.

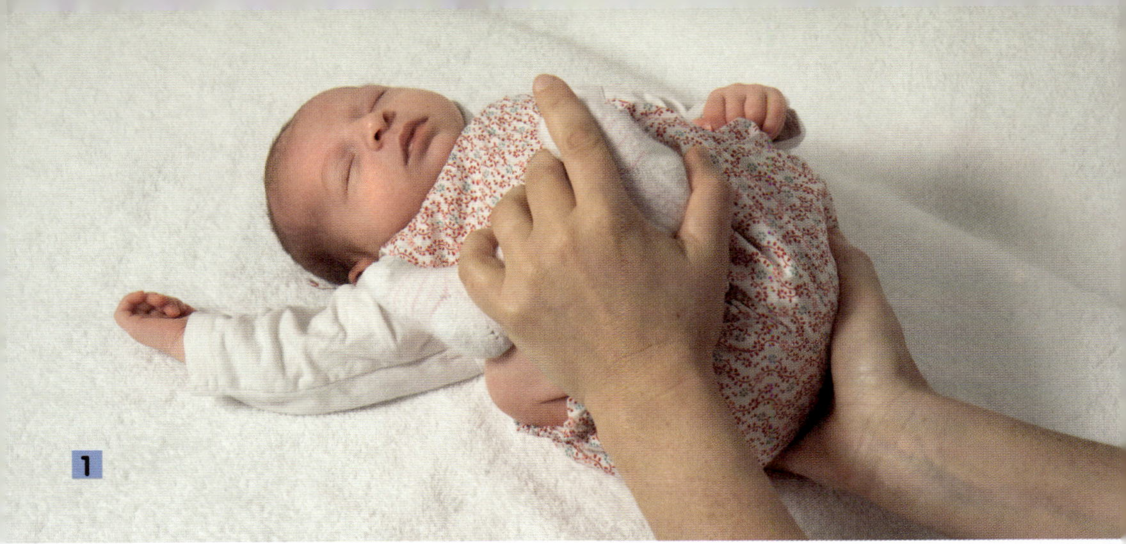

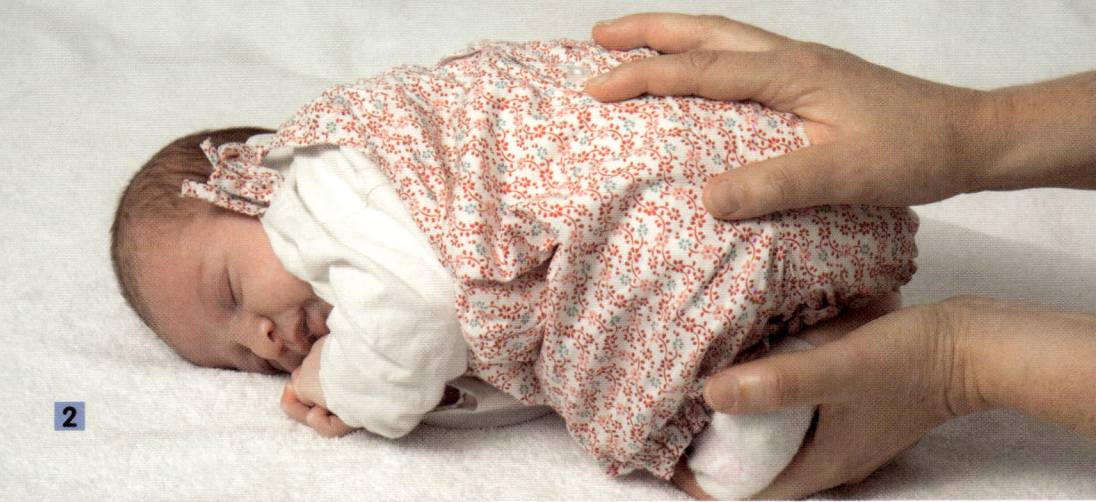

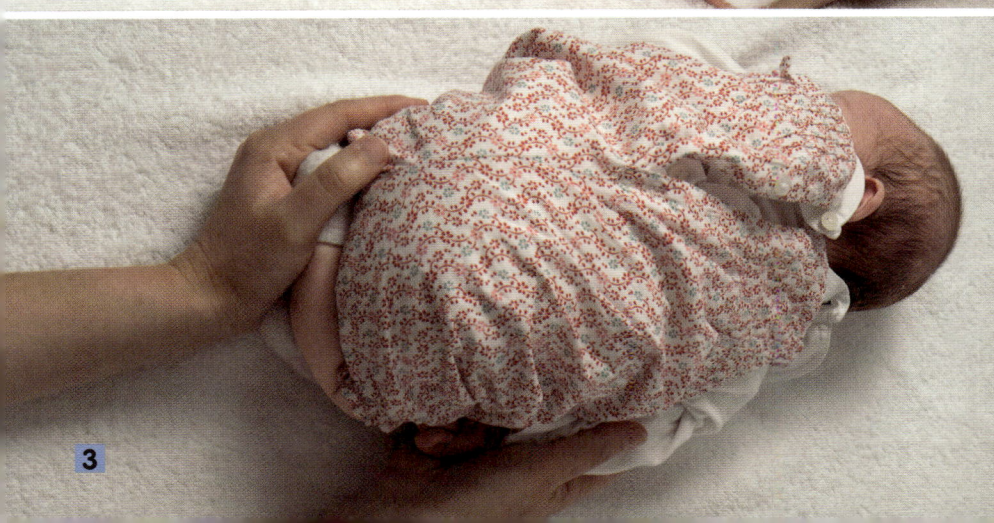

# Déshabiller bébé

Lorsque vous déshabillez votre bébé, évitez de lui soulever la tête. Pour cela, vous pouvez utiliser le pivot par la tête.

1. Rassemblez les jambes de votre bébé sur son ventre en position bouddha et maintenez la position avec une main.

2. Placez l'autre sous ses fesses et soulevez-les tout en faisant tourner le bébé sur sa tête. Vous pouvez défaire les pressions du dos.

3. Pour revenir à plat dos, placez le bras du côté du retournement le long du corps du bébé, puis réalisez le même mouvement. Vous pouvez retourner votre bébé et continuer le massage à plat dos.

Lorsque vous devez retirer un vêtement coincé derrière le bébé, soulevez le bébé par le siège comme pour le pivot et tirez le body ou le pyjama.

# Enfiler la seconde jambe de pantalon ou une manche

Vous venez d'enfiler une jambe dans le panta on, mais le bébé ne veut pas plier la jambe pour enfiler la seconde ?

Il suffit de plier son gros orteil et la jambe se fléchit. Vous pouvez alors lui enfiler son pantalon avant de relâcher. Cette technique est utilisable longtemps, mais, chez les enfants de plus d'un an, elle peut être douloureuse si l'enfant est vraiment en colère.

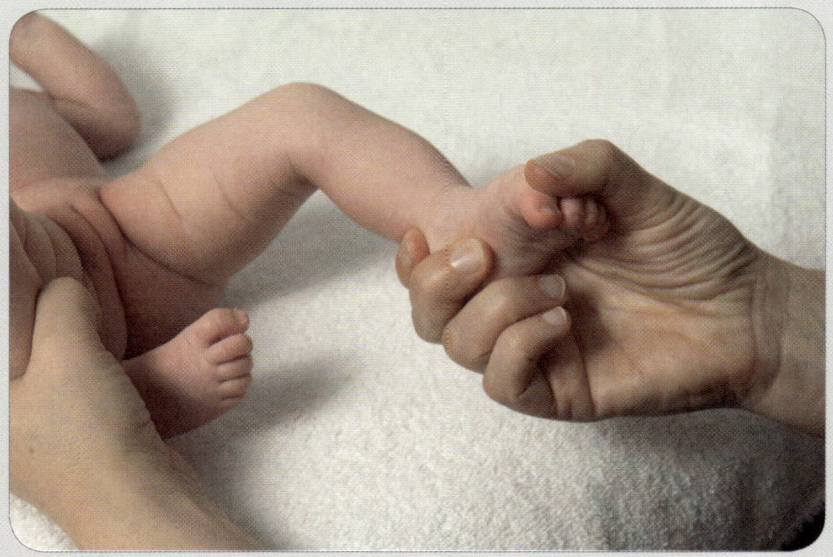

C'est le même principe pour enfiler une manche de gilet. Placez un doigt sur le dos de la main de votre bébé et réalisez une flexion de son poignet, accompagnée d'un mouvement de rotation vers l'extérieur. Son bras se détend. Vous pouvez alors lui passer la manche.

# Nettoyer le cou de bébé

Vous voulez nettoyer ou sécher le cou de votre bébé, mais les plis rendent le mouvement difficile. Au lieu de vous battre avec votre bébé, il suffit de placer une main sous la colonne vertébrale au niveau des omoplates et de la soulever légèrement. La tête reste sur la table à langer et, de l'autre main, vous pouvez nettoyer ou essuyer votre bébé.

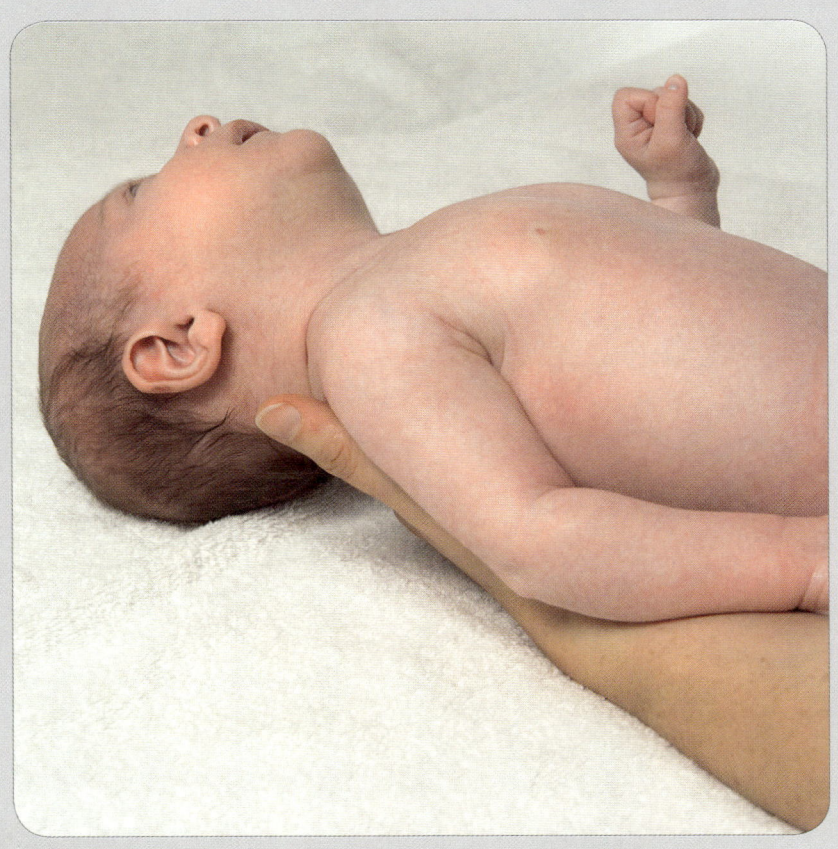

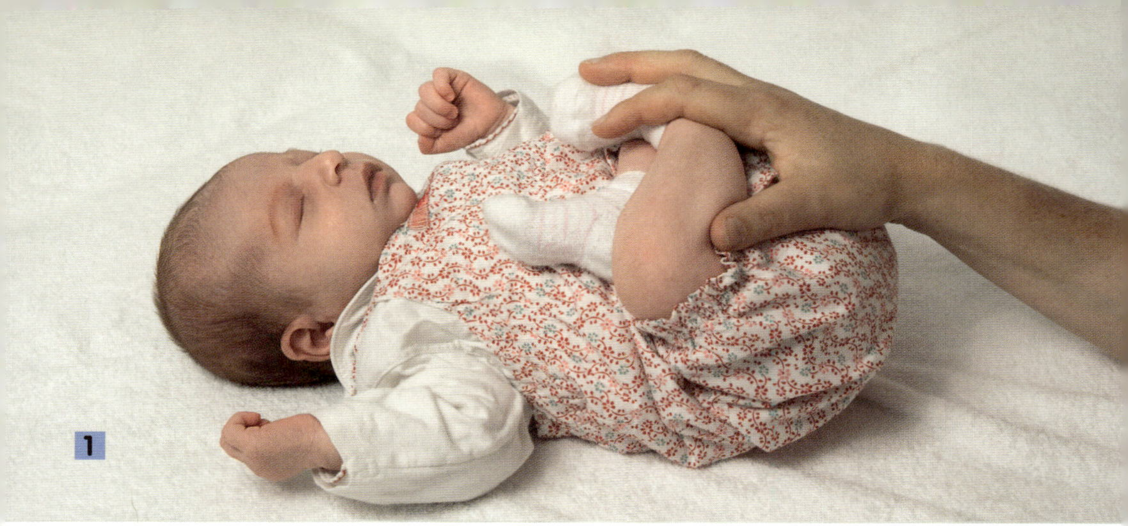

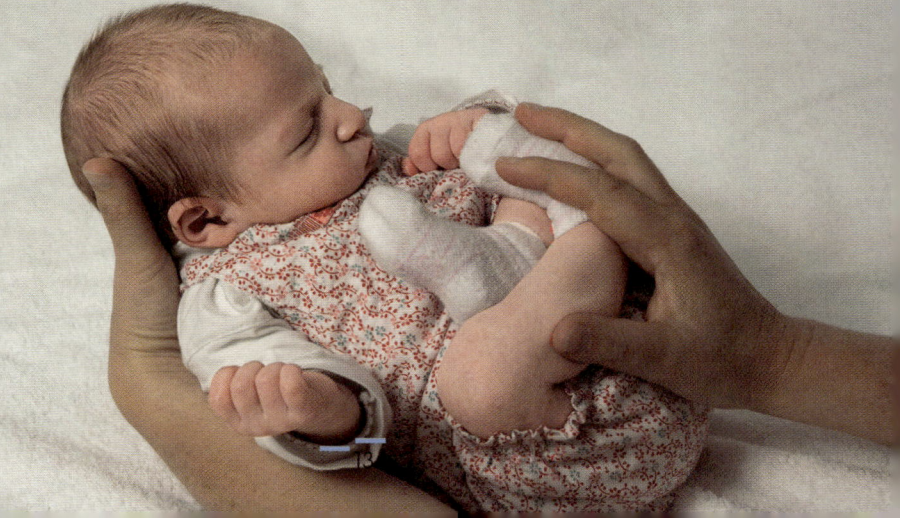

**1**

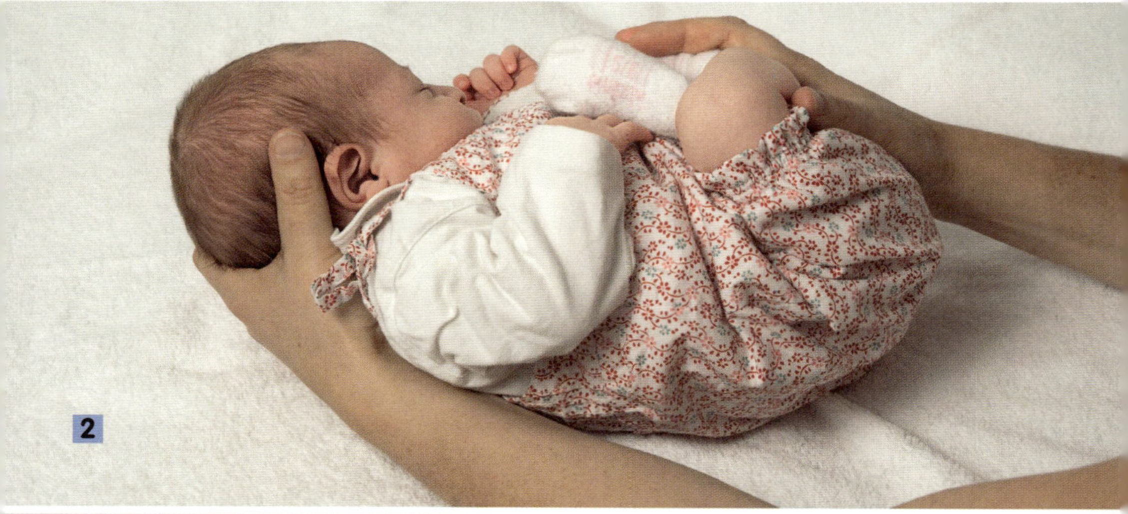

**2**

**3**

# La position magique

Une fois bien maîtrisée, cette position permet d'entrer en communication profonde avec votre bébé et de passer de réels moments d'échange. Mais aussi de le calmer quand il pleure, de le rassurer...

Expérimentez-la lorsque votre bébé est détendu, pour apprendre à maîtriser les gestes. Cette position est surtout utilisée dans les quatre premiers mois, mais vous pouvez la pratiquer bien plus longtemps si votre bébé est souple.

Si votre nouveau-né semble ne pas supporter cette position ou que vous le sentez raide, n'hésitez pas à aller consulter un ostéopathe spécialisé dans les tout-petits (voir p.170).

1. Ramenez le gros orteil de votre bébé sur la poitrine au niveau du téton opposé. Pour faire fléchir la jambe, pliez légèrement le gros orteil. Avec l'autre main, ramenez la seconde jambe en allant vers le téton opposé. Votre bébé est en position de bouddha. Placez la première main, base de la paume, sur les fesses du bébé, index sur le cinquième orteil du pied de dessus. L'index empêche le bébé de partir en extension de jambes.

2. Basculez le bébé sur le côté et glissez votre seconde main sous sa nuque. Réalisez un V entre pouce et index. Placez ce V au-dessus de la ligne occipitale (au-dessus de la ligne des oreilles). La ligne réalisée entre le petit doigt et la continuité de la paume se place au niveau des omoplates de votre bébé.

3. Votre main soutient la tête du bébé, qui va progressivement s'enrouler. Votre bras soutient son épaule et une partie de son dos. Dans cette position, votre bébé vous voit très nettement et il est prêt à de grands moments d'échange. C'est aussi une position intéressante pour demander à votre bébé s'il souhaite un massage. En cas de refus, il poussera légèrement sa tête en extension.

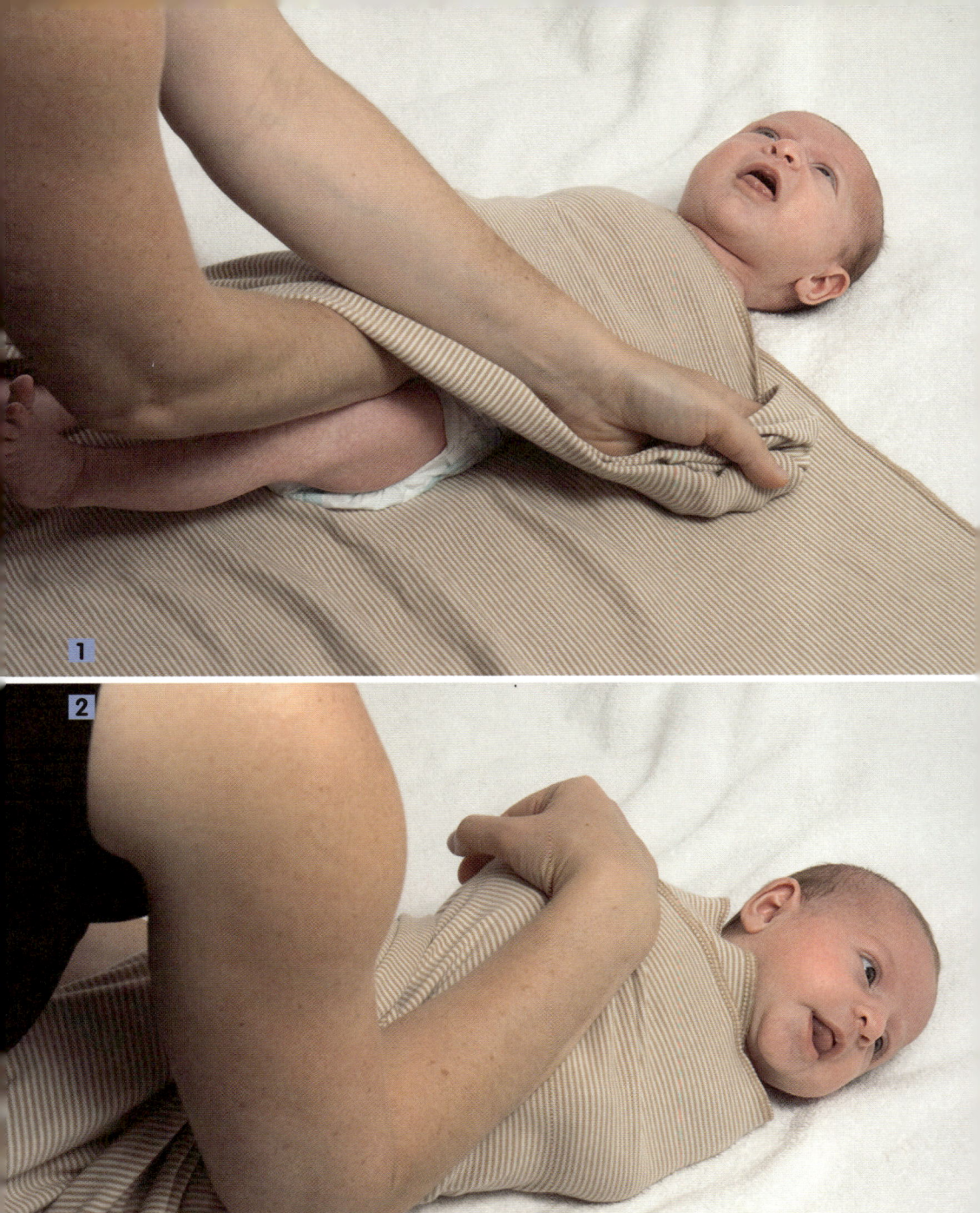

# Emmaillotez bébé, cela le rassure !

## Comment savoir si bébé a besoin d'être emmailloté ?

À la naissance, les bébés ont des réflexes archaïques qui disparaissent naturellement dans les premiers mois de la vie, comme le réflexe de Moro. Il entraîne un écartement vif des deux membres supérieurs, comme si le bébé sursautait. Aujourd'hui, tous les enfants dorment à plat dos et certains d'entre eux ne trouvent pas le sommeil car ils sursautent très souvent. Leurs nuits sont donc mauvaises. Si vous emmaillotez votre bébé pendant son sommeil, il sera contenu et ses bras ne pourront plus partir en croix. Il pourra ainsi bien dormir, et vous aussi.

▶ Quand le réflexe de Moro disparaît (au 3e mois), l'emmaillotage devient inutile.

## Comment faire ?

Certaines marques vendent des couvertures d'emmaillotage, mais elles ne sont pas toutes bonnes. Le bébé doit être installé en position physiologique, c'est-à-dire soit paumes sur l'avant des cuisses, soit paumes sur la poitrine, mais jamais bras le long du corps comme un soldat. Prenez un morceau de tissu rectangulaire assez grand (70 par 70 cm). Placez la pointe en haut et repliez-la.

1. **Placez le tissu bien à plat et posez votre bébé au milieu. Ses épaules doivent être posées sur le bord supérieur du tissu replié. Prenez un bord du tissu et ramenez-le de l'autre côté tout en tenant le bras du bébé dans la bonne position. Passez le tissu sous le corps du bébé.**

2. **Faites de même de l'autre côté. Si votre bébé a mal au ventre, vous pouvez aussi remonter le bas du tissu sur le devant. Cette technique semble diminuer les douleurs de coliques.**

# La santé
# de bébé

# Un **bébé** en **bonne santé** **c'est quoi** au juste ?

Par Dominique Leyronnas, pédiatre néonatalogiste
et Alain Benoît, pédiatre

**E**n Chine, on ne paie le médecin que si l'on est en bonne santé. **Si l'on est malade, c'est qu'il a mal fait son travail.** Une philosophie totalement à contre-courant de celle des pays occidentaux comme le nôtre, mais qui, si on s'y attarde quelques instants, apparaît comme frappée au coin du bon sens. Car la normalité, c'est la bonne santé. Si on tombe malade, c'est le résultat d'un dysfonctionnement, plus ou moins important, mais toujours symptomatique d'une alchimie naturelle qui n'a pas pris comme elle l'aurait dû. Alchimie dont le soignant (généralement le pédiatre) se doit d'être l'un des garants. Main dans la main avec ceux qui sont en première ligne : les parents.

**La médecine occidentale n'enseigne pas ce qu'est la santé. Elle enseigne les maladies, organe par organe.** L'individu considéré dans sa globalité n'y est pas pris en compte. Pas plus que les règles de la bonne santé. Seuls les pédiatres ont des cours sur l'enfant sain car, comme l'enfant est un être en développement, il change à chaque âge. À chaque étape de la vie, il faut « reparamétrer » le regard que l'on porte sur lui.

C'est ce qui fait l'originalité de la pédiatrie. Le panorama y est large et rien ne peut être appliqué sans discernement. Aucune prescription ou recommandation ne peut être transposable d'une consultation à l'autre. Chaque patient est différent du précédent, du nouveau-né d'à peine 3 kilos à l'adolescent qui en pèse 60, soit vingt fois plus ! Il y a aussi toute l'évolution physiologique, les acquisitions motrices et intellectuelles, la maturation corporelle et psychologique, la différenciation sexuelle. Chaque étape est un monde en elle-même, et en même temps, toutes les étapes sont en continuité. Sans oublier les conditions de vie, le milieu familial... C'est le parcours de la vie dans toute sa richesse et sa complexité. L'adulte est, en quelque sorte, le résultat de tout ce parcours. Et dans ce qu'il a récolté au long de son chemin, il y a de tout, du bon et du moins bon.

**Si un pédiatre peut avoir un objectif, c'est d'aider à ce qu'il y ait le moins possible de « cailloux dans la chaussure » ou de « casseroles à traîner ».** Car vouloir réparer les bosses de l'enfance, c'est souvent compliqué. Se plaindre d'un adolescent difficile, c'est un combat d'arrière-garde, avec douze ou quinze ans de retard. L'adolescence se prépare dès la première année de la vie, quand l'enfant découvre dans quel monde il est arrivé. La vie qu'on lui fait vivre, il attendra d'être assez grand pour oser dire ce qu'il en pense. Si, à ce moment-là, il trouve en face de lui des adultes cohérents, il sera rassuré. Exactement comme quand, lorsqu'il était bébé, il demandait qu'on le prenne dans ses bras.

Si un pédiatre peut vraiment être utile, ce n'est pas en délivrant des ordonnances et des certificats, mais en resituant les parents dans leur rôle vis-à-vis d'un enfant qu'ils ont invité à naître et qui attend beaucoup d'eux : affection, soutien, exemple de vie. Il ne s'agit pas de leur faire la morale, mais d'expliquer comment ça se passe dans la tête d'un enfant. Notre monde moderne est tellement bousculé dans ses repères que bien des parents ne savent plus quoi faire. Leurs priorités sont complètement décalées sans qu'ils s'en rendent compte. Qui va les faire réagir ?

## La base du suivi pédiatrique : l'écoute

Le suivi pédiatrique est un travail d'**accompagnement en triangulation enfant-parents-pédiatre**. Ce sont les parents qui vivent avec leur enfant, pas le pédiatre. Le pédiatre fait un peu comme un guide en montagne : il indique la direction, il avertit des dangers, il aide dans les passages difficiles. Mais il ne marche pas à la place des autres et il ne porte pas leur charge. Beaucoup de jeunes parents doutent de leur compétence de parents. Le rôle du pédiatre est de les mettre en confiance. La santé de l'enfant n'appartient pas au médecin ; elle appartient à l'enfant et, pour un temps, à ses parents.

**Le point de départ de toute consultation, c'est l'écoute.** Dès la première rencontre, il faut entendre qui sont ces parents, d'où ils viennent. Pas seulement leur origine géographique ou ethnique – ce qui est déjà important –, mais de quelle famille, de quels parents ils sont eux-mêmes issus. Qu'ont-ils dans leur vécu pour se fabriquer une image et un rôle de parents ? Car, si le maternage est un comportement inné, il se forge sur l'exemple. On peut vouloir ressembler à ses parents ou, à l'inverse, ne surtout pas faire comme eux. La représentation que l'on a d'une mère « idéale » ou d'un père « idéal » peut se construire sur des rencontres, des exemples de vie plus ou moins proches.

**Puis, il y a la façon dont cet enfant est arrivé : prévu, programmé, très (trop ?) attendu ou bien imprévu.** Quelle place lui a été aménagée dans la vie de ses parents avant qu'il soit né ? Car il vient tout bousculer, rien ne sera plus comme avant. Comment s'est déroulée la grossesse, ces neuf mois cachés dont on saisit de mieux en mieux l'influence sur la suite de l'existence ? Le suivi invasif qui est devenu la règle génère plus d'inquiétudes qu'il ne rassure. Une bizarrerie sur l'échographie, l'attente d'un résultat d'examen, mettent en suspens le dialogue entre la maman et son bébé et peuvent laisser des traces longtemps après la naissance.

**Joue aussi la façon dont ce bébé est venu au monde.** À distance de l'accouchement, les déconvenues peuvent s'exprimer plus facilement : une épisiotomie qui reste douloureuse et perturbe la reprise de la sexualité, une césarienne imprévue qui a rendu invalide pendant les premiers jours, des débuts d'allaitement difficiles, un bébé qui paraît exigeant… L'événement tant attendu et rêvé pendant neuf mois a parfois dû laisser la place à une réalité tout autre, qui trouble les premiers pas d'une femme dans sa vie de maman.

**Tout ne pourra pas être dit dans une première rencontre. Au fil du temps et des consultations, la confiance s'installera.** Alors se révéleront, peut-être, les racines plus ou moins lointaines de ce que l'enfant exprime dans son corps et son comportement.

**La première consultation se conçoit avec les deux parents, en invitant le père à prendre sa juste place.** Chacun a sa façon de raconter ; il faudra les laisser s'exprimer l'un et l'autre, en accordant autant d'intérêt à celui qui se tait qu'à celui qui parle. Sans oublier d'observer les réactions de l'enfant, même tout petit, à ce qui se dit sur lui. Plus tard, il prendra la parole à son tour. Tout cela demande plus d'une demi-heure ! Mais c'est sur ces bases d'écoute et de compréhension que peut s'établir un contrat avec les parents, puis avec l'enfant lui-même. Si le contrat marche bien, il y aura une vraie cohérence et une réelle continuité dans la recherche d'une bonne santé.

# La majorité des pathologies du petit enfant sont psychosomatiques

Un trouble, quel qu'il soit, ne peut pas être considéré isolément, car notre vie n'est pas tronçonnée. Manger, dormir, jouer ou travailler sont étroitement interdépendants. Biologiquement, la vie a un moteur : le plaisir. La satisfaction des besoins apporte du contentement et rend la vie agréable. Et comme l'être humain est un être de relation, le plaisir se vit dans le partage. **Un désordre des fonctions vitales exprime une insatisfaction, un déséquilibre.**

**Aucun trouble n'a une réponse toute faite : c'est chaque fois une situation unique qui résulte de nombreuses influences.** D'où la nécessité d'être déjà renseigné sur cette famille pour mieux comprendre ce qu'exprime un événement nouveau. La majorité des pathologies du petit enfant sont psychosomatiques. Ce qui est logique car, en l'absence du langage, le corps est le premier moyen d'expression. Quand un bébé a des rejets, ce n'est pas un médicament pour l'estomac qu'il lui faut ; on doit chercher à comprendre ce qu'il rejette dans sa vie ou dans son entourage. Bien sûr, cela prend plus de temps, mais c'est le seul remède efficace. D'autant que les médicaments contre les vomissements, largement prescrits, sont d'une inefficacité reconnue (scientifiquement prouvée) et agissent sur le système nerveux comme des neuroleptiques. Sont-ils vraiment anodins chez un enfant dont le cerveau est en pleine évolution et maturation ?

# Les pleurs de bébé : l'expression d'un problème de lien

**L'immense majorité des consultations pédiatriques portent sur le pleur.** Chaque parent va avoir un regard sur le pleur qui ne sera que

son interprétation. **Le pleur est un signal dérangeant, face auquel les parents se sentent soit coupables de ne pas « bien » faire, soit fautifs de ne pas savoir comment répondre.** Évoquer une raison dite « organique » à ces pleurs leur permet de se sentir moins mis en cause. C'est parfois souhaitable, tant ils se remettent en question. Mais la situation ne peut évoluer favorablement et durablement que si on les conduit à une vision globale du trouble.

**Le pleur est, essentiellement, l'expression d'un problème de lien.** Les traitements médicamenteux, trop facilement dispensés contre d'éventuels troubles digestifs, sont d'une efficacité plus que douteuse, mais les parents s'y raccrochent comme à une bouée qui leur évite d'aller chercher plus profond. Le pédiatre les aidera à découvrir par eux-mêmes la source de la tension qu'exprime leur bébé.

# La médecine de terrain, ou l'approche globale de l'enfant pour déterminer le traitement adapté à son cas

## L'avis du Dr Christian Arizi, médecin homéopathe et naturopathe

La médecine dite « de terrain », celle que je pratique depuis plus de vingt ans, est une notion surtout développée en homéopathie et en naturopathie. Elle tient compte de la personne dans sa globalité, par opposition à la médecine allopathique, ou médecine classique. Dans ce dernier cas de figure, deux enfants venant au cabinet médical avec une angine se verront prescrire le même antibiotique : ici, on ne prend en considération que les manifestations cliniques de la maladie. En revanche, dans ma pratique de médecine de terrain, je vais intégrer, dans mon diagnostic, l'ensemble des modalités de cette angine. En partant des symptômes physiques tout d'abord : le mal est-il situé sur la gauche, sur la droite ? Est-ce que ça le pique ? Est-ce que ça le brûle ? Etc. J'interroge aussi tous les symptômes émotionnels et psychologiques de l'enfant qui a cette angine, en tenant compte de son histoire et de son contexte.

Je recherche toutes les choses qui auraient pu déjà imprégner le terrain du bébé, en remontant jusqu'à sa conception. Était-il désiré ou pas ? Comment s'est passée la grossesse ? Sa mère a-t-elle vécu durant celle-ci des événements traumatisants : mort d'un proche, accident... ? A-t-elle été malade pendant la grossesse et, si oui, quels médicaments a-t-elle pris ?

Je passe aussi en revue toute l'histoire de l'accouchement. D'un point de vue homéopathique, ce qui m'intéresse surtout, c'est si celui-ci a été déclenché ou pas, s'il y a eu péridurale ou pas. Si c'est le cas, je « nettoie » tout cela en donnant, à la mère et à l'enfant – qui a été en contact avec ces produits au travers du cordon –, des isothérapiques (solutions diluées à dose infime) du Syntocinon (qui sert à déclencher les contractions), de la péridurale et d'antibiotiques. Objectif : limiter les effets secondaires de ces produits.

Je regarde, enfin, tout le vécu du bébé, en commençant par les faits objectifs : a-t-il été allaité ? Combien de temps ? Quelles maladies a-t-il développées ? Quels vaccins a-t-il eus ? Etc. Je m'attache aussi à ses comportements : de quoi a-t-il peur (bruits soudains, animaux…) ? Comment dort-il ? À quoi aime-t-il jouer ? Est-il fusionnel ou pas ? Est-il plus attiré par le sucré, le salé ? Est-ce qu'il ne tolère pas certains aliments ? Chacun de ces « indices » est un élément que je note dans ma répertorisation homéopathique. Je tâtonne ainsi jusqu'à trouver, en tant qu'homéopathe uniciste, LE remède qui répondra à l'ensemble de ces symptômes. Une image pour résumer cette philosophie du soin qui est la mienne : vous avez une porte fermée et une serrure. Pour ouvrir cette serrure, il n'y a pas 36 000 clés possibles, mais une seule. Mon travail consiste à trouver LA clé qui débloquera le cas. L'homéopathie uniciste s'oppose en cela à l'homéopathie pluraliste, plus proche de l'allopathie, et pour laquelle il peut y avoir autant de remèdes que de symptômes (j'exagère à peine…).

En général, cela demande plusieurs consultations, d'autant que le tout-petit n'a pas la parole : il faut interpréter les réponses des parents. Cette médecine de terrain est bien plus valorisante pour le patient et aussi pour moi, thérapeute : une épidémie de grippe, c'était cinquante fois la même ordonnance dans la journée lorsque j'étais remplaçant en allopathie. Aujourd'hui, ce n'est pas un cas de grippe qui débarque dans mon cabinet, mais une personne unique, dont il faut fouiller tous les aspects afin de la soigner le plus efficacement possible. C'est un véritable traitement à la carte.

# Les « problèmes de sommeil »

## Le sommeil, une donnée sociale bien plus que physiologique !

**Quand des parents consultent pour un enfant qui ne « dort pas », c'est d'abord de leur propre sommeil qu'ils prennent soin.** Si l'on établit un calendrier de sommeil chez ces enfants « insomniaques », dans l'immense majorité des cas, on se rend compte qu'ils dorment très bien, que ce sont leurs parents qui dorment mal ! Pourquoi ? Parce que l'enfant répartit son sommeil sur les vingt-quatre heures que dure une journée, pendant que ses parents, eux, n'ont le droit de fermer les yeux qu'entre la fin des programmes télé et le radio-réveil.

**En réalité, la société moderne ne respecte pas les rythmes biologiques.** Avant l'ère technologique, les gens vivaient près de la nature et dormaient aussi dans la journée. C'est encore vrai, heureusement, dans certains endroits. Pendant que la sieste est réservée chez nous aux petits enfants, aux malades, aux vieux et aux paresseux, les Asiatiques la réhabilitent chez eux dans les entreprises comme facteur d'efficacité. Il est clair que vouloir rester actif au même rythme pendant dix ou douze heures demande un effort que l'organisme ne peut pas fournir. On fait trois ou quatre repas par jour, mais on voudrait ne dormir qu'en une seule fois, ce qui n'est pas logique.

**Les petits enfants, eux, écoutent les messages de leur corps et demandent à dormir quand ils en ont besoin, toutes affaires cessantes.** Ils en oublient même de jouer et de manger. En revanche, ils ne sont pas toujours disposés à dormir quand on le décide pour eux. Dire qu'un petit doit rester au lit pendant dix heures de suite est une donnée sociale, pas biologique. Un bébé qui ne dort pas une nuit complète, c'est surtout un problème pour ses parents, qui ont une vie à assumer à l'extérieur. Encore une fois, il en va chez les enfants comme chez les adultes, il y a des gros et des petits dormeurs, et cela, très tôt dans la vie.

## Le sommeil, une histoire de séparation...

**Quand on aborde les difficultés d'endormissement, il faut comprendre que le sommeil est avant tout une histoire de séparation,** et la séparation, cela se vit dans les deux camps, enfant et parents. Pour accueillir le sommeil, il faut être en confiance. Combien de grandes personnes n'acceptent de s'endormir qu'en s'écroulant devant la télévision ou sur les pages d'un livre ? Sans parler de la consommation de somnifères dont nous sommes, nous, Français, les champions...

On ne devrait jamais parler du lit comme d'une punition. Comment l'enfant peut-il trouver attirant un lieu d'exclusion ? Les enfants s'endorment volontiers en compagnie, même bruyante, parce qu'ils se sentent portés par une atmosphère conviviale. Alors que si on les envoie se coucher, ils se sentent à l'écart et protestent violemment. **Pour qu'un tout-petit accueille le sommeil, il lui faut aussi la confiance de ses parents**. Si ceux-ci portent au fond d'eux-mêmes l'angoisse, irrationnelle et pas toujours identifiée, qu'il s'endorme trop profondément et ne se réveille pas, ils la lui transmettent malgré eux.

*Dans ce contexte, on peut comprendre les pleurs nocturnes comme l'expression de cette tension*. On pourrait dire, d'une certaine façon, que ces pleurs sont un signal de vie. D'où l'importance d'écouter les parents, leur histoire, l'histoire de leur enfant, leur interprétation de son trouble ; cela pourra conduire, peu à peu, à dénouer la situation. Le cheminement sera chaque fois différent, car il n'y a pas deux enfants dont le sommeil est identique et qui aient la même histoire.

**Les réveils nocturnes** apparaissent parfois à partir d'un événement, en particulier l'entrée en garde ou une maladie. Dans le premier cas, la séparation vécue le jour crée une inquiétude et le bébé veut s'assurer que sa maman est bien là. De son côté, la maman, consciente de cette séparation imposée, est prête à tout pour que celle-ci se passe bien. Elle accourt donc auprès de son enfant, qui découvre avec plaisir qu'il peut avoir sa maman avec lui la nuit, faute de l'avoir le jour. Le même scénario se crée parfois à partir d'une fièvre ou d'un nez bouché ; la gêne du bébé et l'inquiétude parentale font qu'ils n'hésitent pas à se lever plusieurs fois par nuit. Le rhume disparaît, mais l'habitude reste, aussi longtemps que la séparation nocturne n'est vraiment acceptée ni par les parents ni par l'enfant.

# Les bienfaits des plantes

## L'avis du Dr Christian Arizi, médecin homéopathe et naturopathe

Les élixirs de Bach, préparations à base d'eau, de fleurs et d'un peu d'alcool, sont des harmonisants émotionnels couvrant l'ensemble des champs émotionnels de l'être humain (peur, solitude, hypersensibilité, etc.). Ils peuvent être efficaces quand bébé a un problème de communication, de relation avec l'entourage, des troubles du sommeil ou des peurs, etc. Avant de déterminer laquelle des trente-huit préparations est susceptible de convenir à l'enfant, il me faut d'abord repérer ce qui le trouble, en étant à son écoute ou, s'il est trop petit pour parler, à celle de ses parents. Voir aussi s'il ne fait pas, tout simplement, paratonnerre à l'angoisse de ses parents. Dans ce cas, c'est eux qu'il faut traiter, tout en les rassurant par le dialogue, en leur disant qu'ils sont de bons parents et qu'ils ont droit à l'erreur, que c'est à force de faire que l'on apprend.

D'une manière générale, les plantes peuvent vous être d'un précieux secours. On peut ainsi donner à l'enfant des bourgeons de plantes (macérations glycérinées sous forme liquide), par exemple de tilleul, et également des extraits liquides sans alcool de plantes telles que le coquelicot, la mélisse, la passiflore, l'oranger, le houblon : autant de plantes apaisantes, sédatives, douces, qui l'aideront à trouver son sommeil et à passer une bonne nuit.

# Fièvres, rhumes, problèmes ORL : rien de plus normal !

**Appeler le pédiatre dès que le nez coule ou que le thermomètre dépasse 38 °C, cela n'a pas de sens.** Si l'un des multiples virus respiratoires vient solliciter un organisme neuf, ils entrent en conflit, ça chauffe et c'est normal. Plus encore, c'est souhaitable : la fièvre tue les microbes. Si l'on prend des mesures simples – découvrir, aérer, donner plus à boire –, la température restera le plus souvent sous les 38,5-39 °C. Les antipyrétiques ne se justifient qu'au-delà.

Attention : **avant 2 mois**, toute anomalie du comportement, repas ou sommeil, doit faire consulter, à plus forte raison en présence de fièvre. Mais **après 3 à 6 mois**, le nourrisson n'est plus protégé par l'immunité maternelle. Dès lors, une fièvre survient tous les quinze jours en moyenne, il se « fait son immunité ». Pourquoi se précipiter chez le pédiatre ? Laissons les choses suivre leur cours, en surveillant son comportement. Il a peut-être rencontré le même microbe plusieurs fois sans tomber malade. Pourquoi cette fois ? Parce qu'il y a affaiblissement des défenses. On dit bien « avoir pris froid » ; or le froid en lui-même ne rend pas malade, mais il puise dans les réserves énergétiques et fragilise.

# L'immunité, ça se travaille... tout naturellement

« Tomber » malade dépend de facteurs constitutionnels et environnementaux. Hormis les règles d'hygiène, simples à respecter, **éviter au nourrisson les lieux de forte concentration humaine** (crèches si on le peut, centres commerciaux, transports en commun...) limite la contagion. S'il doit être malade pour faire son immunité, qu'il ait au moins le temps de récupérer entre deux épisodes.

**Vivre dans une atmosphère surchauffée et confinée n'est pas bon non plus.** L'excès de chauffage assèche l'air et irrite les voies respiratoires, provoquant toux et nez bouché. De plus, un trop grand écart de température entre l'intérieur et l'extérieur provoque, quand on sort, un choc thermique qui fragilise les muqueuses. Il suffit, pour le réduire, d'ouvrir régulièrement les fenêtres, ce qui ne coûte pas cher et détruit du même coup les acariens responsables d'allergies. La température dans une chambre de bébé doit rester au-dessous de 20 °C, au mieux à 18.

**Pour chaque individu, la vigueur de la réaction immunitaire n'est pas la même.** L'allaitement la renforce s'il est prolongé quelques mois. Quand un enfant fait des infections répétées avec des complications ORL ou pulmonaires et qu'il n'est pas possible de le soustraire à son environnement, on peut tenter de renforcer son terrain immunitaire par différents traitements, dont l'homéopathie.

## Renforcer l'immunité de votre bébé
### L'avis du Dr Christian Arizi, médecin homéopathe et naturopathe

Faire de la prévention, c'est faire en sorte que le terrain de votre enfant soit le plus sain possible, afin d'empêcher la maladie de s'installer.

En lui procurant une alimentation saine, vous supprimez déjà environ la moitié des soucis possibles. Tant que l'enfant est allaité, il n'a *a priori* besoin de rien d'autre que du lait maternel : c'est le meilleur médicament qu'on puisse imaginer ! C'est pourquoi je préconise la poursuite de l'allaitement le plus longtemps possible. Dès le début du sevrage, je recommande de rajouter des oméga 3 de poisson (gouttes). À partir du sixième mois, donnez-lui des jus de fruits frais, en commençant par les fruits doux (pomme, raisin…), d'abord à raison d'une cuillère à café par jour.

Veillez à ce qu'il ait une bonne flore bactérienne intestinale, car c'est la base de l'immunité. Sinon, pensez à réensemencer sa flore intestinale et bactérienne de temps en temps, avec des pré- et des probiotiques (sachets que l'on trouve en pharmacie ou dans des laboratoires indépendants).

Je fais souvent appel à la phytothérapie pour renforcer l'immunité de mes petits patients. Je donne volontiers des extraits de plantes sans alcool. Echinacea ou propolis, notamment, sont très efficaces pour développer les défenses immunitaires. Ces traitements sont disponibles sous forme de gouttes qui conviennent aux bébés. À pratiquer durant l'automne et l'hiver, surtout si l'enfant est gardé en collectivité. On peut augmenter les doses en période de maladies infantiles (toujours avec l'aval de votre phytothérapeute).

Pensez aussi aux oligoéléments. Les associations manganèse-cuivre et cuivre-or-argent, idéales pour stimuler l'immunité, sont utilisables dès le plus jeune âge, également sous forme liquide, dans la bouche directement ou avec un peu d'eau. L'hiver, l'eau de mer par voie orale est très stimulante. Rappelons que le plasma marin est, à peu de chose près, l'équivalent du plasma humain.

Côté vitamines, je prescris de l'acerola, une vitamine C 100 % naturelle, également disponible en gouttes pour les bébés. On trouve aussi de la vitamine C dans le sirop d'argousier, qui possède des propriétés immunostimulantes. Pas de vitamine K ni de fluor, en revanche. Si la mère mange bien, et notamment des légumes, cette vitamine est naturellement fabriquée par son intestin et par celui de l'enfant.

# L'ordonnance :
## un passage pas forcément obligé

Beaucoup de médecins sont mal à l'aise avec les nourrissons. Soit par manque d'habitude, soit parce qu'ils ne prennent pas le temps d'une évaluation correcte, soit parce qu'ils sont consultés ponctuellement, en urgence, et ne connaissent pas le patient. Alors, ils n'hésitent pas à prescrire largement une panoplie de traitements, tous plus inutiles les uns que les autres. Mais les parents sont rassurés, persuadés de l'efficacité des sirops et autres gouttes. Pourtant, l'évolution serait presque toujours la même sans aucun traitement.

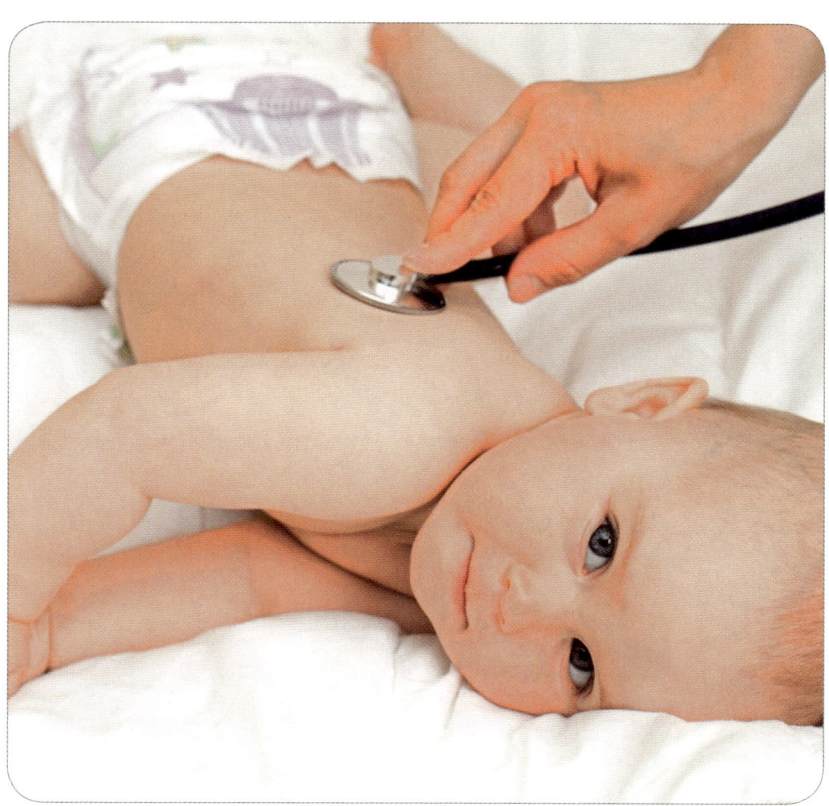

**En quoi ces traitements sont-ils inutiles ?** D'une part, leur efficacité est douteuse ; d'autre part, leur objectif est vain, car ils visent
à effacer un symptôme utile. Évaluer l'efficacité d'un médicament
n'est pas simple. Si l'on peut évaluer scientifiquement l'impact ou le
mode d'action d'une molécule, cela ne veut pas dire que son utilisation va modifier le cours d'une maladie. Mais derrière la chimie existe
le fameux « effet placebo ». Cette notion, un peu magique, désigne
l'énergie mise en jeu dans la démarche de soin et de guérison. Quand
une maman soigne son enfant malade, elle lui donne plus qu'un sirop
ou un comprimé : elle lui communique son désir de le voir rétabli.
Donner n'importe quoi avec cette conviction est porteur de guérison.
D'autant plus qu'en face d'elle, le bébé profite de la situation : avoir
sa maman toute dévouée à lui.

Cet effet profite à toute **une panoplie de traitements contre la
toux et le rhume largement distribués bien que très contestables.** La
toux, quand elle est grasse, productive, est un réflexe qui élimine les
sécrétions créées par l'irritation des bronches. Elle disparaîtra quand
l'inflammation aura cessé, il suffit d'attendre. Vouloir l'empêcher
en donnant des antitussifs est nuisible. Au contraire, il faut souvent
la favoriser par des séances de kinésithérapie. Au niveau du nez, la
muqueuse irritée gonfle et sécrète. Un simple rinçage à l'eau salée,
par instillation ou spray, nettoie et décongestionne, sans les effets
secondaires des traitements qui « débouchent » (somnolence, assè-
chement des muqueuses).

**Les mouche-bébés, quant à eux, sont agressifs et à éviter.** Le mou-
chage « à la bouche », pratiquée par certaines mamans africaines, est
plus doux et bien efficace, mais il dégoûte les mamans de chez nous.
Si l'on veut aider à passer le cap de la maladie, on peut avoir recours,
sans tomber dans un autre excès, aux thérapeutiques naturelles et
ancestrales issues des plantes (phytothérapie, huiles essentielles).

## Que faut-il penser des antibiotiques ?

**Parfois, un traitement antibiotique peut être nécessaire, mais c'est finalement assez rare.** Une otite purulente peut déclencher une méningite, une bronchite peut se surinfecter. Les antibiotiques sont une arme dont ont rêvé les générations qui nous ont précédés. Il faut profiter de la chance que nous avons de pouvoir y recourir, mais à bon escient. La surconsommation d'antibiotiques peut venir de l'inquiétude du médecin ou de la pression des parents. **On ne laisse pas à la maladie le temps d'évoluer. Il faut tout de suite rentrer dans le rang.** Alors, on lance l'artillerie lourde, inutile plus de neuf fois sur dix. Si les bébés avaient le droit à autant d'arrêts maladie que les grands, on les laisserait réagir et finalement guérir seuls. Avec, pour prix de leur victoire, un renforcement immunitaire. Malheureusement, en coupant court à leurs facultés de défense, faute de temps, on atrophie leur système immunitaire.

## Mon arsenal antipathologies, antibobos et antithérapies
### L'avis du Dr Christian Arizi, médecin homéopathe et naturopathe

Ma conviction : moins bébé absorbe de produits chimiques, mieux son organisme se porte. Il faut éduquer les parents au fait que la fièvre n'est pas une maladie, mais seulement son symptôme. Le corps, lorsqu'il est envahi de microbes, élève tout simplement sa température. Jusqu'à 38,5 °C, ne rien donner.

En cas d'urgence, les antalgiques chimiques peuvent être l'occasion de passer un cap difficile, mais je n'en raffole pas. L'homéopathie est une réponse très valable en cas de fièvre infantile. En revanche, on ne donne pas de remède contre « la » fièvre en général, mais contre une fièvre associée à un certain nombre de symptômes, que l'on étudie soigneusement : si l'enfant a mal ou non à la tête, à la gorge, aux oreilles… ; s'il présente ou non un écoulement du nez, etc. Un remède homéopathique bien ciblé marche très vite.

Les deux bases de ma médecine anti-infectieuse sont la phyto-thérapie et l'aromathérapie. En pointe de la première, j'utilise l'extrait de pépins de pamplemousse. Ce produit naturel, délivré sous forme de flacons, avec des gouttes à diluer dans de l'eau ou du jus de fruit, possède de multiples propriétés : bactéricide, viru-cide, fongicide. J'en prescris à tous les enfants sitôt qu'ils souffrent d'une affection quelconque (ORL, pulmonaire, digestive…) ou en cas de risque épidémique comme la grippe H1N1.

Quant à l'aromathérapie, elle repose sur les huiles essentielles (HE). Dans 80 % des cas où l'on prescrit un antibiotique, on pourrait faire aussi bien avec des HE. Et si l'on compare les effets secon-daires des HE et des antibiotiques, les premières sont largement supérieures aux seconds. Je fais fabriquer des suppositoires à base d'HE, aussi bien pour les rhinopharyngites que pour les otites, sinusites, bronchites, etc. Je n'ai jamais aucun souci. Pendant l'hi-ver, je préconise de faire des frictions du thorax avec de l'huile d'amande douce et une à deux gouttes de certaines HE, ou bien de placer un diffuseur d'HE dans la chambre de l'enfant pour assainir l'atmosphère et dégager les voies respiratoires.

► Attention : ne jamais utiliser les HE en automédication (voir le point sur leur toxicité p.121). Ces traitements sont toujours à uti-liser sous l'égide d'un médecin averti.

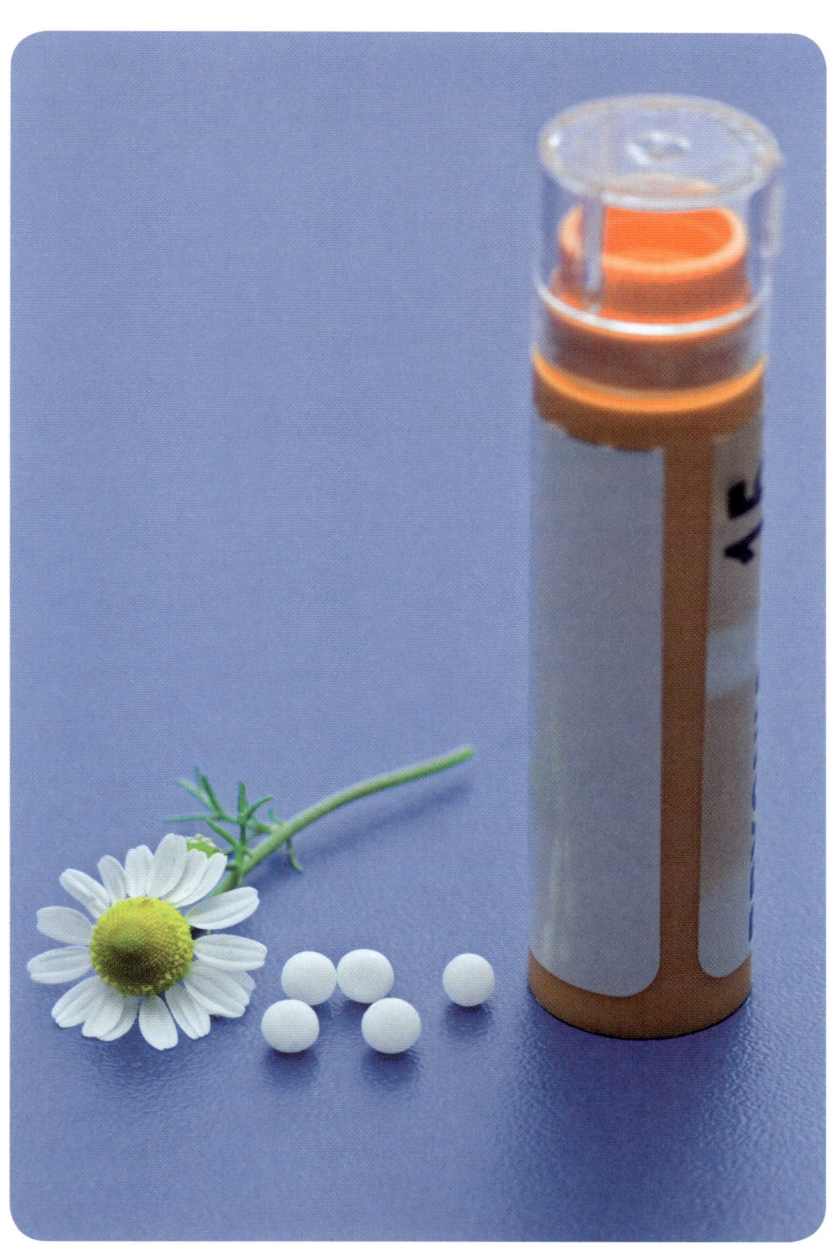

# La **question** des **vaccinations**

Par Dominique Leyronnas, pédiatre néonatalogiste

**V**acciner consiste à introduire dans le corps une substance étrangère pour déclencher une réaction immunitaire. Cette acquisition d'immunité vise à protéger le sujet d'une maladie aux conséquences graves. En dehors de la vaccination, l'immunité s'acquiert de façon naturelle en contractant la maladie, c'est-à-dire en s'exposant à son risque de mortalité et de complications. Il est donc évident que la vaccination est, dans son fondement, utile et bénéfique.

**Mais si l'on sait déclencher une réaction immunitaire chez un individu, on n'en maîtrise pas pour autant le déroulement.** On sait qu'une réaction allergique dangereuse peut être provoquée par simple contact cutané ou digestif avec une substance étrangère. Il serait donc évidemment mensonger de dire qu'une injection dans le corps est dénuée de risques, même si la préparation d'un vaccin subit de nombreuses étapes pour conjuguer le maximum d'efficacité avec le minimum d'effets indésirables. **Si un vaccin était totalement anodin, son efficacité serait douteuse.** Et l'on sait, comme pour tout médicament, que certains effets ne sont connus qu'après une large utilisation.

Si on demande leur avis aux médecins, on risque d'être dérouté. Les médecins praticiens réagissent en fonction de leur expérience personnelle. S'ils ont été confrontés aux formes graves d'une maladie, ils vont naturellement inciter à s'en protéger. À l'inverse, les biologistes, qui étudient les réactions immunitaires et leurs dérives, se montrent plus réservés. Quant aux plus grands spécialistes des maladies infectieuses, ils sont naturellement appelés à collaborer avec les laboratoires qui fabriquent et commercialisent les vaccins. Ce qui entache inconsciemment ou non, leur neutralité. Leurs recommandations ont une validité limitée dans le temps, car c'est avec un recul de plusieurs années, voire d'une génération, qu'on découvre les effets pervers d'une campagne de vaccination.

**Seuls trois vaccins sont obligatoires en France, mais les recommandations proposent jusqu'à sept vaccins simultanés dès le deuxième mois, chez un bébé dont le système immunitaire est immature.** Pris séparément, chacun de ces vaccins trouve sa justification, mais le cumul peut faire peur. Il faut aussi avoir conscience qu'aucune protection n'est totale : si large que soit la couverture, elle a toujours une limite et l'on n'est jamais protégé contre tout.

**Des impératifs économiques sous-tendent la politique vaccinale.** D'abord, une épidémie coûte cher en soins et en arrêts de travail à court terme. Ensuite, les complications et les handicaps, même s'ils sont rares, représentent une dépense continue et à long terme. Face à cela, une campagne vaccinale a un coût facile à évaluer, et les laboratoires pharmaceutiques pèsent volontiers sur les choix politiques qui feront vendre des millions de doses.

Qui dit recommandations dit information, réflexion et consentement éclairé. **Or les vaccinations sont trop souvent présentées comme une évidence par les médecins, à qui il prend moins de temps de faire une injection que d'en expliquer le pourquoi.** Sans oublier la pression exercée par certaines directrices de crèches, de façon complètement illégitime puisque seul le DT-Polio est obligatoire en France.

**C'est aux parents que revient la responsabilité de faire vacciner leur enfant.** Un dialogue ouvert et respectueux avec leur médecin traitant doit leur permettre d'évaluer le bien-fondé de chaque vaccin. Cette décision tient compte, entre autres, du cadre de vie de l'enfant, de son âge, des fragilités personnelles et familiales, de l'exposition à un risque particulier. Tout en gardant à l'esprit que, au-delà d'un choix personnel de protection individuelle, les vaccinations ont aussi pour but d'éviter la diffusion des maladies aux sujets les plus fragiles. Il y a donc une responsabilité vis-à-vis de la collectivité.

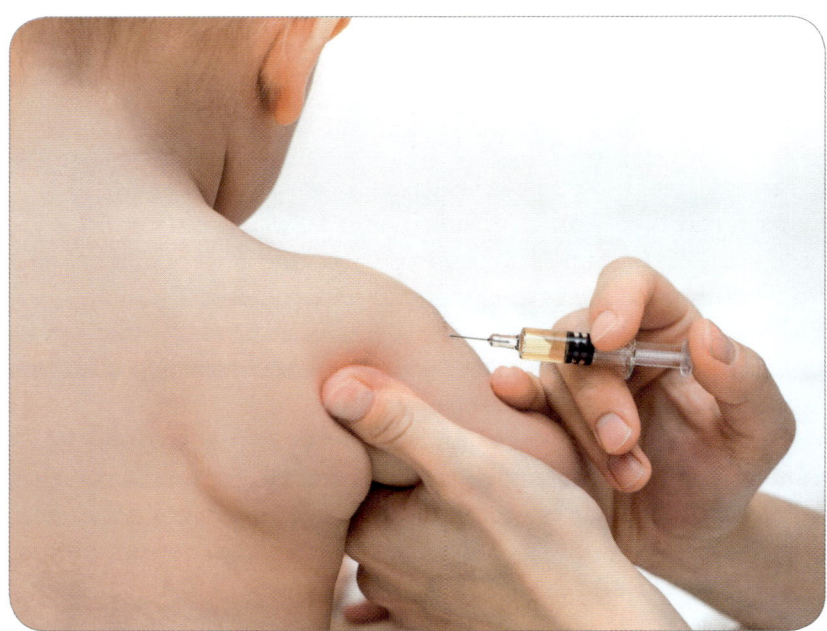

# Les différents vaccins

**Les maladies visées sont sélectionnées pour :**
- leur fort taux de mortalité (tétanos) ;
- leur risque élevé de séquelles définitives ou de handicap (poliomyélite) ;
- leur fréquence (tuberculose) ou leur risque épidémique (grippe) ;
- leur répercussion socioéconomique (rougeole, grippe).

Elles sont parfois accessibles à un traitement (tuberculose, typhoïde).

Les campagnes vaccinales cherchent à atteindre un taux de protection au moins égal à 70 % de la population. Celui-ci suffit à empêcher la propagation d'une maladie et limite le risque d'exposition des sujets fragiles.

## Que contient un vaccin ?

Ce peut être l'agent responsable de la maladie, dont on a réduit la virulence en laboratoire (vaccins vivants qui provoquent une forme atténuée de la maladie). De ce fait, ces vaccins sont interdits chez la femme enceinte ou chez les sujets à l'immunité déficiente.

Dans certains cas, on sélectionne une ou plusieurs fractions du virus ou de la bactérie pour leur pouvoir immunisant. Ces vaccins ne peuvent en aucun cas déclencher une maladie.

Enfin, on peut immuniser contre la toxine responsable des symptômes en injectant une toxine inopérante (anatoxine). C'est notamment le cas pour le tétanos.

À côté de l'agent infectieux, entier ou fractionné, il y a les adjuvants, d'origines diverses, dont le rôle est d'accentuer la réaction immunitaire. Un bon nombre de complications et d'effets indésirables leur ont été attribués, défrayant la chronique par des procès, bien sûr interminables.

# Le programme vaccinal en France

## Les vaccinations obligatoires

**Elles ne sont que trois : diphtérie, tétanos et poliomyélite,** habituellement associées dans un vaccin combiné en trois injections avant 18 mois, suivi de rappels.

**Diphtérie et poliomyélite ne sont pas des maladies autochtones, mais elles n'ont pas encore disparu de la planète et elles sont graves.** Ce sont des vaccinations déjà anciennes et leur tolérance est bonne.

Quant au bacille tétanique, il survit dans le sol sous une forme végétative (spores) et peut se déclarer à partir d'une plaie souillée d'apparence bénigne (blessure par un outil ou chute). Pour cette raison, l'immunisation mérite d'être entretenue par des rappels réguliers.

## Les vaccinations recommandées

▶ *Haemophilus influenzae* du groupe B (HIB) : ce virus tire son nom du fait qu'il donnait autrefois des pneumopathies en surinfection de la grippe. Il était surtout le premier responsable de la méningite purulente du petit enfant. En quelques années, celle-ci a disparu grâce à une vaccination très suivie et bien tolérée. Associée au DT- Polio, elle passe inaperçue.

▶ **Coqueluche :** les épidémies infantiles d'autrefois étaient très immunisantes. Le vaccin a connu des étapes de développement difficile : le premier vaccin à germes entiers tués était très mal toléré (fièvre élevée et convulsions). Il a fallu plusieurs années de recherche pour disposer d'un vaccin fait à partir de fractions bactériennes, suffisamment immunogène. Malheureusement, la durée de l'immunité est moins longue que prévu et l'on a vu apparaître ces dernières années des coqueluches de l'adulte sous forme atténuée, donc discrète. Cette situation fait courir un plus grand risque de contamination aux petits nourrissons, chez qui la maladie peut être grave, voire mortelle. Le nouveau programme vaccinal prévoit donc des rappels à l'âge adulte.

▶ **Hépatite B :** dite aussi hépatite sérique, car transmise par voie sanguine (transfusions, piqûres par une aiguille souillée) mais surtout sexuelle, elle est particulièrement dangereuse par ses formes fulminante et chronique et par sa responsabilité dans l'émergence du cancer primitif du foie (hépatocarcinome). C'est la vaccination la plus controversée : le vaccin lui-même est accusé de déclencher une maladie neurologique auto-immune grave (sclérose en plaques) et l'aluminium utilisé comme adjuvant, de provoquer une complication musculaire invalidante (myofasciite à macrophages). Elle est depuis plusieurs années au cœur d'un débat politique et met les scientifiques en désaccord. L'enfant n'est pas exposé, sauf au moment de la naissance si sa mère est porteuse chronique du virus. L'insistance pour diffuser la vaccination du nourrisson repose sur le fait que l'immunisation serait plus efficace et plus durable et... qu'il n'a jamais été décrit de complication chez l'enfant. Le vaccin, associé aux précédents, donne un vaccin hexavalent, soit six vaccins dans la même seringue ! Si l'on tient compte de l'exposition au risque, elle ne devrait pas être proposée avant l'entrée dans la vie sexuelle.

▶ **Pneumocoque :** bactérie de la famille des streptocoques, son nom indique qu'elle est responsable de pneumonies, mais surtout d'une méningite du petit nourrisson qui connaît, quoi qu'on fasse, 50 % de mortalité. Autrefois sensible à tous les antibiotiques, le pneumocoque a développé en quelques années des résistances inquiétantes. C'est le témoin d'une mauvaise médecine qui utilise à tort et à travers l'arme précieuse des antibiotiques. Hélas, on a commencé par faire un vaccin avant de lancer une campagne pour une utilisation rationnelle des antibiotiques. Cette vaccination peut être profitable aux enfants exposés précocement aux risques de la collectivité ; elle doit alors être débutée dès 2 mois pour les protéger efficacement et à temps. Au-delà de 2 ans, son intérêt est discutable.

▶ **Rougeole, oreillons, rubéole :** ces trois maladies épidémiques autrefois courantes sont combattues pour leurs risques de séquelles.

● **La rougeole** peut provoquer une maladie neurologique dégénérative sévère, la panencéphalite sclérosante subaiguë.

● **Les oreillons** peuvent toucher notamment le nerf auditif (surdité), les testicules (stérilité), le pancréas (diabète).

● **La rubéole** passe facilement inaperçue ; son risque est la transmission au fœtus, créant de graves atteintes cardiaques, oculaires et auditives.

Ces trois vaccins sont associés et administrés à la fin de la première année avec des rappels ultérieurs. Un recul de près de trente ans permet de dire que leur tolérance est bonne.

▶ **BCG : vaccin antituberculeux** peu utilisé ailleurs qu'en France, où il n'est plus obligatoire, mais recommandé dans certains secteurs à risques. Son immunité est complexe, difficile à suivre et à évaluer. Un bon nombre de complications « bénignes » lui ont été attribuées. La vaccination ne donne pas une protection absolue, n'empêche pas l'émergence de formes graves (méningites) et gêne le diagnostic chez les sujets possiblement contaminés. La tuberculose a connu le même recul dans des pays voisins qui ne l'utilisent pas.

▶ **Autres vaccins :**
**D'autres vaccins plus ou moins récents sont aussi proposés. L'incitation vaccinale repose sur deux types d'arguments :**
● **la gravité,** par exemple dans le cas du méningocoque, qui donne des infections rares mais gravissimes, dont l'émergence est encore mal comprise, ou encore quand il y a risque de cancer du col de l'utérus ;
● **la fréquence,** comme dans le cas du rotavirus responsable de l'épidémie annuelle de gastro-entérite, qui fait courir un risque de déshydratation chez le nourrisson, ou encore de la grippe, la vaccination n'étant alors vraiment indiquée que pour les sujets les plus fragiles.

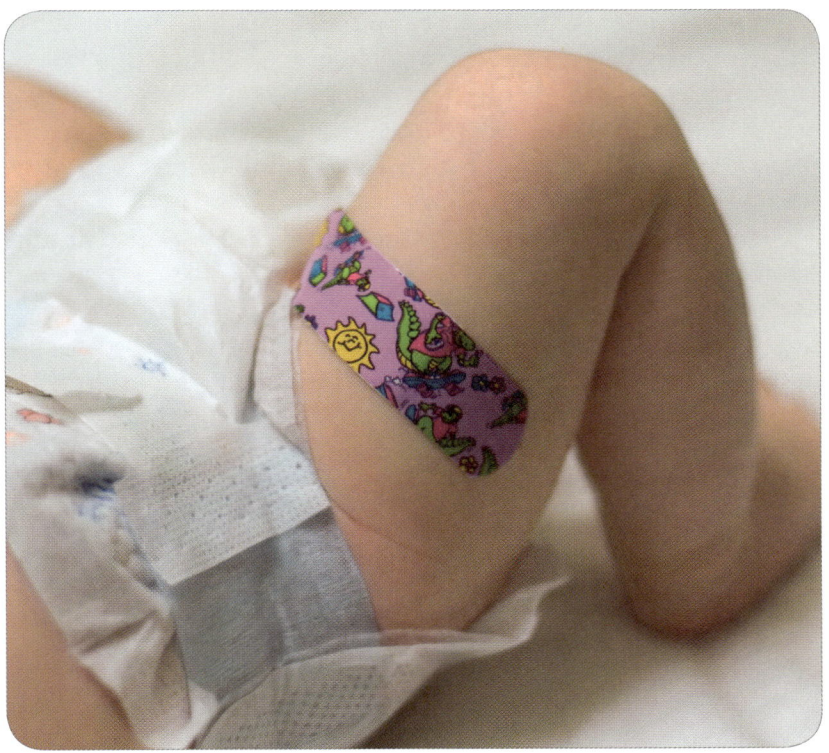

Dans tous ces cas, la protection ne peut être complète, en raison des multiples formes de l'agent infectieux visé ou de l'existence d'autres responsables. L'intérêt de la vaccination doit donc être évalué au cas par cas, en fonction de l'exposition au risque.

À noter que la France ne vaccine ni plus ni moins qu'ailleurs. Dans les autres pays occidentaux, le calendrier vaccinal n'est pas notablement différent, hormis l'absence d'obligation légale. Seules les différences épidémiologiques peuvent conduire certains pays à en ajouter (méningocoque). Aux États-Unis, une certaine population aisée se précipite sur tout nouveau vaccin.

# Les vaccins ? Le moins possible !

## L'avis du Dr Christian Arizi, médecin homéopathe et naturopathe

En tant qu'homéopathe et naturopathe, je ne suis pas favorable aux vaccins.

D'abord parce que les maladies infantiles (rougeole, varicelle, rubéole, etc.) sont un phénomène on ne peut plus normal et même souhaitable. Car non seulement ces maladies sont pour la plupart, dans des circonstances normales, complètement anodines, mais elles reproduisent les stades d'évolution de l'humanité depuis la nuit des temps. Comme le disait, au XIXe siècle, un grand homéopathe du nom de Constantin Hering, mieux vaut sortir les choses que les rentrer.

Comme lui, je pense qu'il est important pour le corps d'être relié à ses origines, cette mémoire ancestrale qui fait que nous sommes des êtres humains. Sous peine de voir se développer, à l'âge adulte, comme c'est le cas depuis le siècle dernier, des maladies auto-immunes. Les maladies auto-immunes sont des maladies pour lesquelles le corps fabrique des anticorps dirigés contre ses propres tissus : c'est une sorte de suicide biologique. C'est le cas, par exemple, de la polyarthrite rhumatoïde ou du lupus érythémateux, des pathologies dont on ne connaît pas la cause et qui sont en forte hausse depuis une quarantaine d'années, date à partir de laquelle ont débuté les campagnes de vaccination massives. Coïncidence ? La question mérite d'être posée...

Ensuite, parce que j'éprouve une grande méfiance envers tout ce que l'on ajoute aux principes actifs des vaccins eux-mêmes

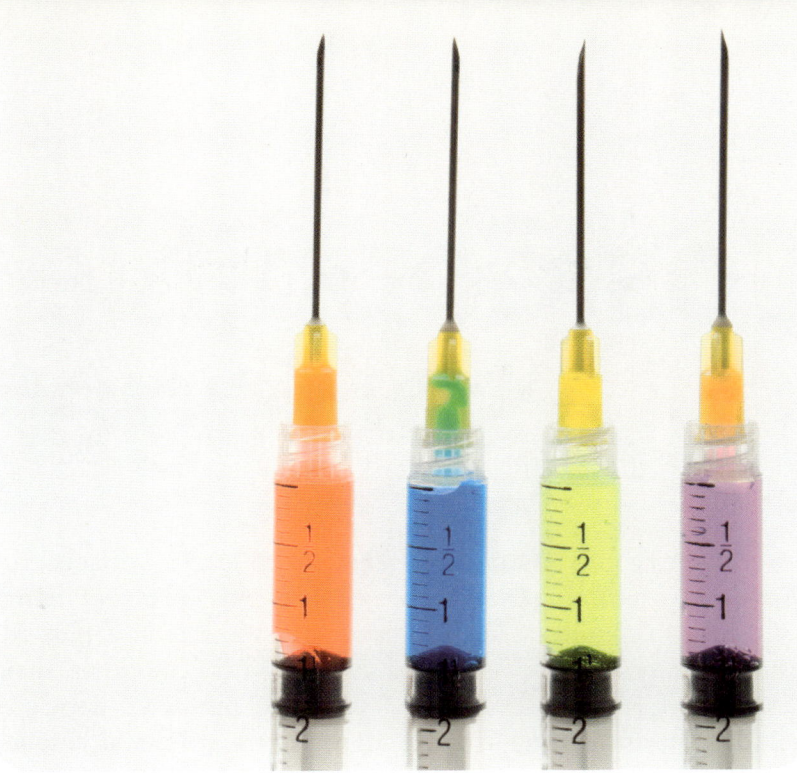

(adjuvants, métaux lourds comme l'aluminium, en quantité proportionnelle au nombre de vaccins contenu dans la seringue). Du coup, les injections impliquent une foule d'effets secondaires chez l'enfant (rhinos, sinusites, bronchites, eczéma, asthme, insomnies chez le bébé…).Ces substances immunostimulantes portent peut-être une lourde responsabilité dans les réactions auto-immunes évoquées plus haut.

Il serait préférable de ne pas vacciner avant l'âge d'un an, de façon à ce que le système immunitaire mature naturellement. Les neuf premiers mois à l'extérieur du ventre maternel doivent être aussi neutres que possible. Malheureusement, notre mode de vie expose trop tôt au risque de maladies graves (coqueluche, méningites). Quand, en tant que médecin, je choisis de limiter les vaccinations, c'est une démarche responsable que je partage avec les parents.

# L'ostéopathie, pour soulager bébé

Par Jean-Marie Briand, ostéopathe,
membre du Registre des Ostéopathes de France

**L**ibérer le tout-petit des déséquilibres que son corps peut avoir gardés de la grossesse et de la naissance : voilà le but de l'ostéopathie, une pratique à base de manipulations douces. Un coup de pouce qui peut se révéler très utile, dès les premières semaines de vie.

## Votre bébé, un futur bipède qui se construit

Il y a quelque sept millions d'années, l'espèce humaine a choisi (ou peut-être y a-t-elle été contrainte) de se mettre debout. Il est fascinant de remarquer que chaque petit humain reproduit dans le temps restreint de sa première année (et il en a médicalement besoin !) les différentes étapes suivies par notre espèce dans son évolution pour pouvoir finalement se tenir debout : ramper, puis se mettre à quatre pattes, enfin se dresser sur ses jambes.

Il est important de comprendre que ce qui nous amène, à l'âge adulte, à une harmonie physique est le résultat de séquences d'acquisition extrêmement précoces, conditionnées – mais aussi parfois gênées – par des événements qui ne le sont pas moins. En effet, la vie anténatale est fréquemment jalonnée d'incidents physiques, vécus *in utero*, qui laissent des empreintes en chacun de nous : un examen attentif, y compris chez l'adulte, suffit à les révéler.

## L'ostéopathie, la recherche de l'équilibre

L'activité posturale commence très tôt : le simple fait pour un bébé d'essayer de tenir sa tête en est un des premiers signes. Cela débouchera, en quelques mois et avec quelques séquences motrices intermédiaires, sur la position debout. L'équilibre délicat qui en résultera pourra être influencé (parfois de façon durable) par de petits déséquilibres qu'il est facile de traiter dans les premières semaines de vie. C'est tout l'objet de la consultation ostéopathique précoce.

## Que cherche l'ostéopathe en palpant le corps du bébé ?

L'examen palpatoire apparemment mystérieux est en fait la recherche de signes d'une grande simplicité : des zones du corps qui ont une mobilité insuffisante (souvent imperceptible pour le néo-phyte) et qui, par compensation mécanique, peuvent faire apparaître des symptômes plus ou moins gênants. **On appelle ces zones peu mobiles « dysfonctions somatiques ostéopathiques » (DSO).** Une bonne part d'entre elles se créent dans les mois qui précèdent ou qui suivent la naissance. C'est pour cela que cette époque de la vie est primordiale pour les ostéopathes.

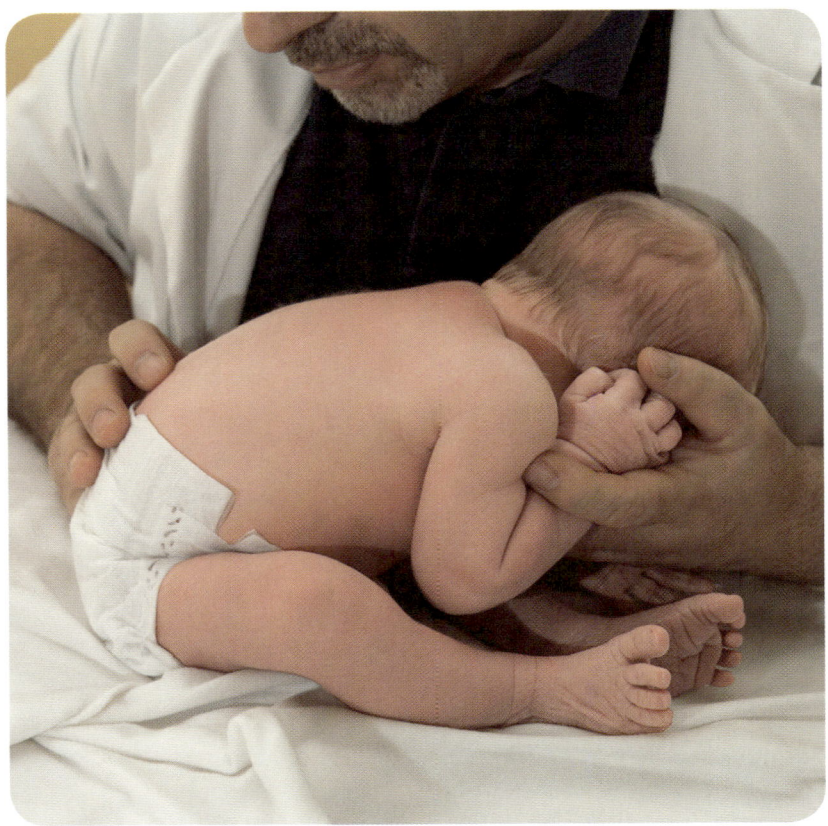

## Dans le cas du nourrisson, les DSO ont deux origines principales : la naissance et l'exiguïté *in utero*

▸ **La naissance**

**C'est la raison pour laquelle beaucoup de gens ont compris qu'il est utile d'aller voir un ostéopathe, tant le processus de l'accouchement est intense.** On utilise même souvent, à tort, le terme de « traumatisme de la naissance ». Cette dernière ne peut pourtant pas être assimilée à un traumatisme en soi : il n'existe pas d'événement plus normal (ni même plus bénéfique !) que la venue au monde pour un fœtus. Elle peut pourtant être suffisamment intense pour créer des traumatismes, dont certains sont impressionnants.

**Du point de vue mécanique,** qui est celui qui intéresse en premier lieu les ostéopathes, **l'accouchement a une réelle importance** : le corps du fœtus est conduit vers le bassin par les contractions utérines, il s'engage dans un conduit osseux (le bassin) puis membraneux (le périnée), qui le comprime, le modèle, le « formate » mécaniquement. Sa colonne vertébrale, son bassin, son crâne, qui étaient positionnés de façon souvent contraignante, sont ainsi détendus, assouplis en une première rencontre avec des forces mécaniques intenses, mais équilibrantes. La jonction entre le crâne et les vertèbres cervicales du bébé, notamment, fait partie des zones les plus exposées, car les plus délicates.

L'ostéopathe peut donc retrouver, lors de son examen, **de véritables torticolis créés par l'intensité des forces qui se sont appliquées sur le corps du bébé**. L'enfant peut manifester son inconfort en sursautant quand on le prend, en tétant désespérément ou en pleurant (parfois jusqu'à épuisement). Il suffit de si peu de chose pour forcer mécaniquement sur une structure anatomique si délicate que 80 % des nouveau-nés présentent ces signes, de manière plus ou moins mineure.

▶ **L'exiguïté** *in utero*

**La seconde origine possible d'une DSO est liée à l'exiguïté de la cavité utérine en fin de grossesse.** Le fœtus manque de place ! Heureusement, il possède une capacité à se déformer de manière parfois impressionnante, si besoin est. Il est souple comme une feuille de papier et peut se plier presque aussi aisément (ses os sont trente fois moins chargés en calcium que les nôtres !). Cependant, lorsque le bébé est contraint à cette adaptation pendant une longue durée, il peut avoir du mal, après sa naissance, à se déplier spontanément.

**Certaines zones de son corps attirent plus facilement l'attention de l'équipe soignante : les pieds** (incurvés vers l'intérieur, par exemple), **les hanches** (instabilité ou dysplasie), **la colonne cervicale** (torticolis congénital). Mais justement, vu sa souplesse, il est irréaliste de penser qu'un fœtus se sera adapté à un manque d'espace avec une seule articulation : lorsque la place manque, c'est l'ensemble du corps qui s'adapte. **Tout le corps du bébé doit donc être évalué** pour vérifier que la modification de forme de son petit pied ne s'accompagne pas d'un torticolis à l'autre extrémité du corps. Plus la DSO est détectée et abordée de façon précoce, plus le bébé est libre pour les importantes séquences d'acquisition dont nous parlions plus haut.

**Le premier examen ostéopathique du bébé serait donc, idéalement, anténatal !** Plus la grossesse est intense et fatigante, plus le corps de la maman est susceptible d'obliger le fœtus à une adaptation telle qu'on vient de la décrire. Il est donc important, en cas d'inconfort gênant, de se faire aider par un ostéopathe compétent, notamment dans le troisième trimestre de grossesse.

# La consultation ostéopathique du premier mois

Encore peu (trop peu !) de maternités ont un ostéopathe attaché, ou intervenant régulièrement. **Cette consultation a donc lieu, la plupart du temps, après le retour à la maison. Elle a trois buts principaux :**

**1. Vérifier que le nouveau-né ne présente pas de DSO susceptible de le mettre en difficulté dans son adaptation néonatale.** La transition entre l'état de fœtus et celui de nouveau-né est infiniment complexe : respiration, ingestion, digestion, excrétion, défense immunitaire, thermorégulation (entre autres) sont maintenant à sa charge. En plus d'être gênantes et parfois douloureuses, les DSO peuvent perturber la bonne mise en place de ces différentes fonctions.

▶ L'exemple le plus évident est la mise au sein. Un enfant présentant des DSO peut être mis en difficulté, soit parce qu'elles sont douloureuses (si elles sont liées à l'accouchement), soit parce qu'elles verrouillent mécaniquement le mécanisme musculo-articulaire de la succion-déglutition (si elles sont liées à une position trop longtemps maintenue en fin de grossesse).

**2. En cas de DSO, évaluer si elles nécessitent un suivi ostéopathique particulier.** Dans la plupart des cas, l'«énergie vitale» du bébé suffit à tout réguler ; pourtant, certains schémas sont suffisamment prégnants pour qu'il ait du mal à s'en libérer seul. L'aide d'un ostéopathe est alors bienvenue dans les premières semaines de vie.

**3. Traiter les DSO lorsque cela est nécessaire.** Le traitement ostéopathique est exclusivement manuel. Fuyez les praticiens qui mélangent les différentes approches. Un cocktail de compétences hétéroclites n'est pas un signe de compétence chez un ostéopathe. La dispersion débouche presque nécessairement sur la superficialité.

▶ **Sur le plan technique, les gestes ostéopathiques au nourrisson sont toujours d'une extrême douceur.** Le principe de la technique ostéopathique est de donner aux zones traitées la possibilité de se relâcher par elles-mêmes. Ce type de traitement n'est vraiment efficace que si le bébé est en acceptation de l'examen et du traitement.

## Les règles d'or pour une consultation réussie

▶ **Le bébé doit idéalement être en « éveil calme ».** Un bébé qui pleure et qui s'agite donne peu de renseignements cliniques, même aux meilleurs ostéopathes. Les bébés sont plus disponibles le matin que l'après-midi. Il doit avoir mangé et être reposé dans la mesure du possible. L'heure optimale de consultation se situe entre 10 heures et midi. Si votre bébé dort après un traitement ostéopathique (alors qu'il ne le faisait pas avant), ce n'est pas que le traitement l'a fatigué, c'est plus probablement qu'il récupère après que sa gêne, voire sa douleur, a disparu.

▶ **Toute la gestuelle du praticien doit s'articuler autour de l'objectif du confort immédiat du bébé**.

▶ **Le praticien ne doit pratiquer que des gestes non douloureux pour le nourrisson**. Il n'est pas question d'étirer quelque structure que ce soit. Il peut arriver que certains gestes ne soient pas appréciés par le bébé (par exemple, le travail de la cavité orbitaire dans le cas des problèmes de canaux lacrymaux). Ils doivent être pratiqués plutôt en fin de consultation.

# Entre 1 et 3 mois

**Il n'est pas dramatique qu'un bébé n'ait pas été vu par un ostéopathe dans le premier mois de sa vie :** un enfant calme, se nourrissant bien, dormant correctement, a rarement besoin d'une consultation ostéopathique en urgence.

**En revanche, une consultation entre 1 et 3 mois est systématiquement intéressante :** la période d'adaptation néonatale est maintenant achevée, l'impact mécanique de l'accouchement sur le bébé est désormais stabilisé. Globalement, celui-ci a « digéré » sa mutation phénoménale : de fœtus, il est devenu organisme indépendant. C'est donc dans ce moment de stabilité que le bilan ostéopathique est le plus révélateur de ce qui subsiste des DSO installées avant ou pendant la naissance. C'est aussi à ce moment-là que l'ostéopathe aura la meilleure possibilité de juger de la facilité qu'a (ou n'a pas) le nourrisson à s'équilibrer seul. L'évaluation de la capacité d'autoéquilibration (les ostéopathes parlent d'autoguérison) est un des points principaux du bilan ostéopathique de l'adulte comme de l'enfant. Elle est absolument primordiale chez le nourrisson, qui est dans une période de mutation si rapide qu'une mauvaise évaluation peut amener une programmation de traitement inadaptée.

Le fait que l'enfant ait déjà été vu à la naissance ne retire pas l'intérêt de cette consultation : il arrive assez fréquemment qu'un examen à quelques semaines de vie révèle un schéma ostéopathique alors que l'examen néonatal n'avait rien montré de particulier. Certaines DSO ont été naturellement traitées par la naissance, mais incomplètement. Elles réapparaissent au fur et à mesure que le corps se renforce et grandit, que la motricité du bébé se met en place... Cela favorise d'ailleurs l'apparition de certains symptômes.

## Quels troubles du nourrisson sont abordés efficacement par l'ostéopathie ?

**Nous ne traiterons ici que des symptômes les plus fréquents. Il est important de comprendre qu'en ostéopathie, le symptôme n'est que le signe d'une difficulté du corps à s'autoéquilibrer.** Le but de l'ostéopathe est de trouver la cause de cette difficulté. Il n'existe pas de manipulation ostéopathique « antireflux » ou « anticolique », par exemple. Seules comptent la localisation de la DSO et la capacité qu'on a à aider le corps à la faire disparaître.

Le motif de consultation, d'ailleurs, est souvent flou dans l'esprit même des parents, le bébé ne pouvant communiquer son inconfort que par ses pleurs et étant incapable d'en indiquer la cause. L'ostéopathe n'a d'ailleurs pas nécessairement besoin que le motif soit clairement établi. **Le seul fait qu'un bébé « ne soit pas bien » peut justifier la consultation ostéopathique.** Il importe cependant que l'enfant, dans ce cas, soit conjointement suivi à ce sujet par un médecin, pour établir s'il existe un caractère organique à cet inconfort et lui apporter éventuellement le traitement adéquat.

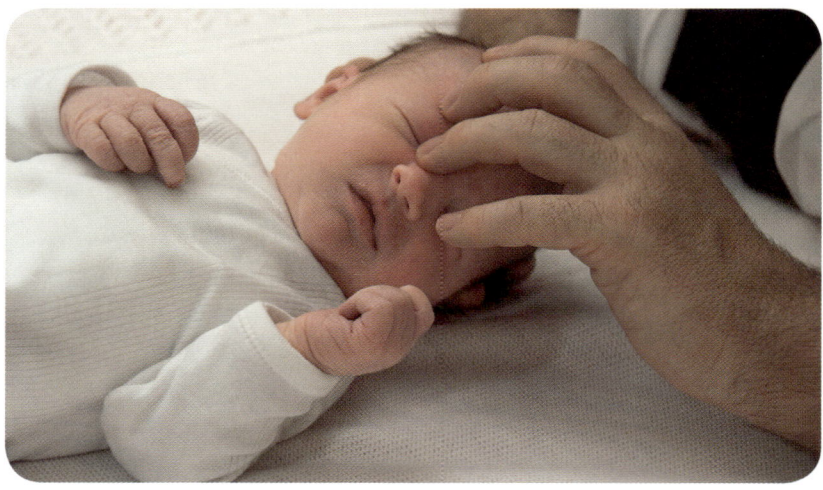

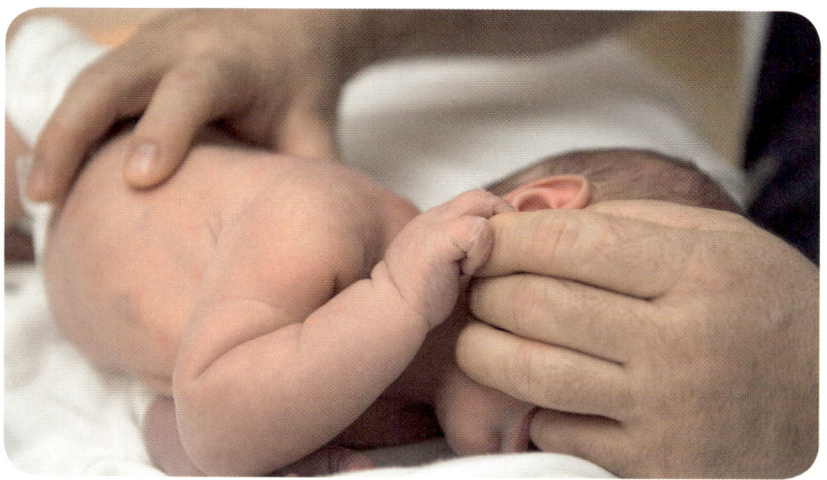

## Les reflux

Il est normal qu'un bébé régurgite. La vie digestive du nourrisson est si intense que tout inconfort peut se manifester par des signes digestifs. Dans certains cas, cependant, un bébé peut avoir des remontées acides douloureuses (pas nécessairement extériorisées), qui peuvent finir par irriter l'œsophage, créant ainsi un inconfort presque permanent. Les résultats ostéopathiques sont alors souvent intéressants. À votre ostéopathe de déterminer si la DSO responsable du problème a une origine viscérale, vertébrale ou crânienne.

## Les « coliques » du nourrisson

Le terme est d'usage, quoique discutable : ce ne sont en effet pas du tout les coliques d'origine infectieuse, si douloureuses, que nous connaissons, nous, adultes. Là encore, on est face à une manifestation logique du surmenage digestif du nourrisson dans ses premiers mois. Le côlon étant soumis à un véritable entraînement sportif, certains bébés ont plus de difficultés à y faire face, sans que pour autant on puisse parler de pathologie véritable.

Face à ce signe, la stratégie ostéopathique est de déterminer s'il existe des DSO susceptibles de majorer mécaniquement la difficulté qu'a l'enfant à avoir un cycle digestif confortable. Là encore, à l'ostéopathe de déterminer si la DSO éventuellement responsable du trouble se situe au niveau vertébral, du bassin, des viscères, etc.

## La plagiocéphalie, ou « tête plate »

**On observe une fréquence importante de ce signe depuis que le couchage des enfants se fait strictement sur le dos.** Ici encore, les nourrissons sont inégaux devant le problème. Certains vont, plus que d'autres, avoir de véritables difficultés à s'orienter et à bouger de façon symétrique à partir de cette position. La zone d'appui crânienne aura donc tendance à s'aplatir, simplement parce que c'est son rôle de s'adapter aux pressions rencontrées (c'est cette qualité indispensable de souplesse plastique du crâne qui permet aux bébés de naître !). **Il est donc très important que les parents veillent à cette symétrie des mouvements de leur bébé dans les deux premiers mois.** Après, il est rare que ce signe apparaisse, simplement parce que l'enfant est suffisamment costaud pour ne pas être contraint de rester du même côté. Il bouge, s'oriente et change donc ses points d'appui.

Auparavant, si la motricité du bébé n'est pas symétrique, il y a de fortes chances pour qu'à l'examen, un ostéopathe trouve une DSO favorisant l'hyper-appui local au niveau de la tête. Cette DSO, là encore, peut avoir des localisations très différentes : une dissymétrie de fonctionnement du bassin, un inconfort digestif ou autre peuvent tout à fait favoriser une rotation de la tête d'un seul côté. Lorsque la

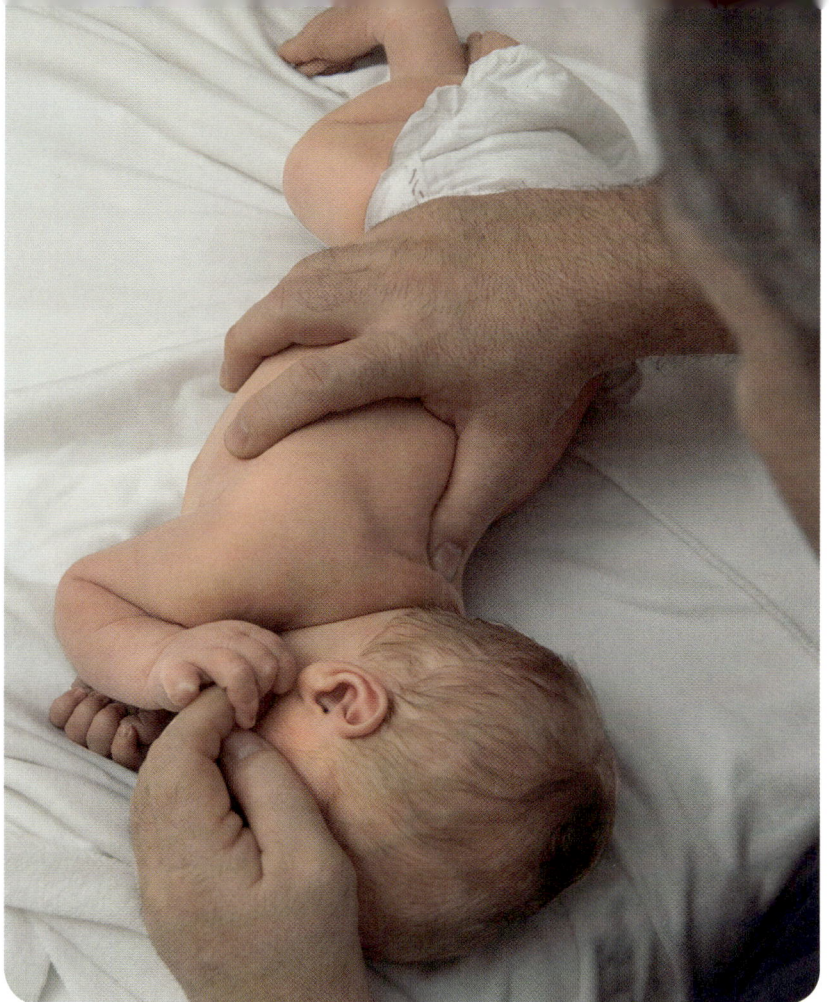

DSO responsable de ce positionnement est identifiée et traitée sur le plan ostéopathique, l'enfant s'oriente immédiatement de façon plus symétrique. Il va ensuite corriger seul la forme de son crâne, en changeant régulièrement ses appuis. La plasticité de son crâne, à l'origine de cette manifestation, est aussi son moyen de traitement...

**Précisons qu'il n'est jamais nécessaire de faire des consultations nombreuses et répétées, même si l'aplatissement est impressionnant.** L'enfant se corrigeant tout seul, une consultation ostéopathique tous les mois suffit, d'une manière générale, à contrôler qu'il le fait de façon optimale.

## Combien de consultations sont nécessaires dans le traitement du nouveau-né ?

Le nombre de consultations utiles en ostéopathie n'est pas prédéterminé. **C'est le bilan fait au début de chaque consultation et les progrès de l'enfant qui en décident.** D'où la nécessité, pour un praticien, d'évaluer de façon pertinente la capacité d'autoéquilibration de son petit patient. Il est très rare qu'un enfant ait besoin de plus de cinq consultations dans sa première année. La moyenne doit plutôt s'établir autour de trois. Attention aux praticiens qui établissent des « devis » (c'est le terme malheureusement le plus approprié) : personne ne peut prévoir comment va s'équilibrer ou non un nourrisson de cet âge dans les mois qui suivent.

## Comment choisir mon ostéopathe ?

**Voici trois critères pour vous aider à juger de la compétence de votre praticien :**

● **Sa formation ostéopathique initiale :** les critères internationaux imposent 4 300 heures d'étude initiale de l'ostéopathie. La France ne retient que 2 500 heures nécessaires. Tous les praticiens répertoriés n'ont donc pas obligatoirement le cursus préconisé notamment par l'OMS. Le fait d'être conjointement docteur en médecine ou masseur-kinésithérapeute n'est aucunement la garantie de respect de ce critère. Le seul label respectant à l'heure actuelle ce critère est le label « Membre du Registre des Ostéopathes de France » : DO MROF (DO signifiant « diplômé en ostéopathie »). Mais la non-inscription au Registre n'est pas non plus un signe d'incompétence d'un praticien, puisque celle-ci n'est pas obligatoire.

● **Sa connaissance de la périnatalité :** il existe des formations, non validantes, dispensées aux ostéopathes en périnatalité. Le fait de les avoir suivies est le signe d'une connaissance spécifique du praticien. Certains diplômes universitaires dans le domaine périnatal (soumis à examen, donc certifiants) sont désormais ouverts aux ostéopathes. Les avoir est bon signe.

● **Son expérience dans le domaine :** tous les ostéopathes ne traitent pas les bébés, renseignez-vous. *A contrario*, un certain nombre de maternités s'attachent maintenant les services d'ostéopathes, d'autres praticiens ont publié des articles, travaillent en PMI... Enfin, le bouche à oreille, voire l'indication par un médecin ou une sage-femme, est un facteur important.

## Contacts

▶ Registre des Ostéopathes de France
  8, rue Thalès  33692 Mérignac Cédex
  Tél. : 05 56 18 80 44
  **www.osteopathie.org**

▶ Un excellent site d'ostéopathie pédiatrique :
  **http://osteo-enfant.fr**

# L'ostéopathie
# en cinq questions pratiques

### 1. Est-ce remboursé ?

À ce jour, l'ostéopathie n'est malheureusement pas recensée par la Sécurité sociale comme une profession de santé. Les soins ne sont donc pas pris en charge. Toutefois, les mutuelles sont de plus en plus nombreuses à proposer une participation aux frais de consultation, sur présentation d'une note d'honoraires de votre praticien. Sollicitez la vôtre pour connaître sa position.

### 2. Combien coûte une consultation ?

Les honoraires normaux d'un ostéopathe sont compris entre 45 et 80 €, pour une durée de consultation de 30 à 60 minutes. Les variations sont fonction de l'expérience du praticien et de la localisation du cabinet. Attention, les médecins ostéopathes vous factureront généralement une consultation médicale (donc prise en charge par la Sécurité sociale) en plus de la consultation ostéopathique.

### 3. Quelle est la différence entre un ostéopathe, un étiopathe, un fasciathérapeute et un chiropracteur ?

Ces diverses professions proposent des traitements manuels aux nourrissons. La base technique est généralement commune (même si ce n'est pas toujours avoué !) et se réfère à William Garner Sutherland, ostéopathe américain de la première moitié du xxe siècle.

### 4. Y a-t-il des études scientifiques prouvant l'efficacité de l'ostéopathie ?

Il existe une absence navrante d'études scientifiques sérieuses validant (ou invalidant) les théories ostéopathiques. Cela tient en partie au désintérêt de la médecine allopathique, dépositaire de toutes les compétences et de toutes les finances de la recherche, pour cette approche. Cela tient aussi au fait que le traitement ostéopathique ne peut être reproductible d'un patient à un autre, puisqu'il est fonction du terrain de chacun.

## 5. Mon bébé souffre d'un handicap : dans quelle mesure l'ostéopathie peut-elle l'aider?

Un enfant présentant un handicap est aussi (voire plus) susceptible que les autres de développer des troubles fonctionnels digestifs, ORL, etc. À ce titre, l'ostéopathie a une vraie place auprès des enfants handicapés. Certaines associations comme les EHEO (Enfants Handicapés Espoir Ostéopathique) proposent d'ailleurs une aide en ce sens.

Leur site : **www.eheo.org**

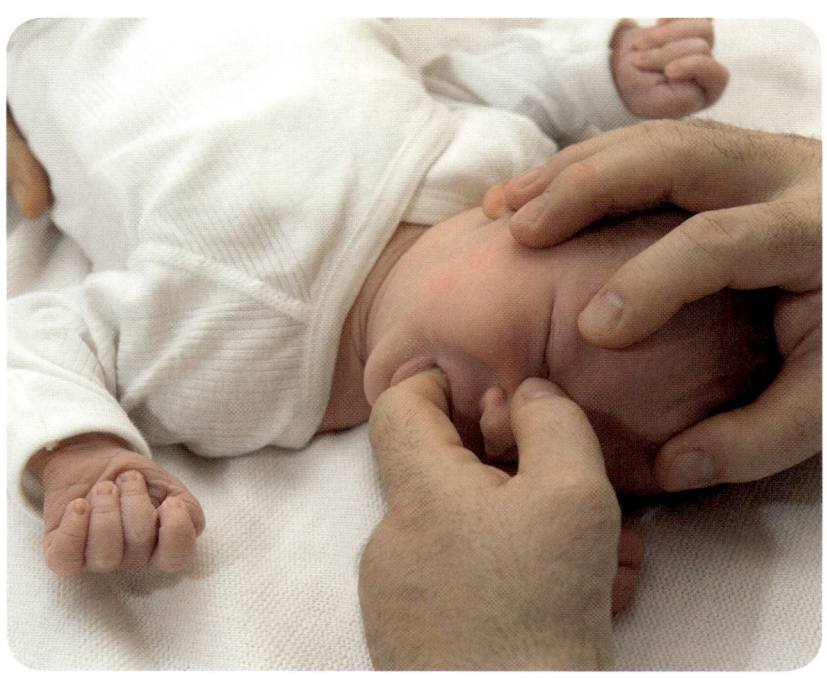

# Un nouveau mode de vie

# Choisir la simplicité

Par Catherine Piraud-Rouet, journaliste

**L**e monde de la puériculture est celui de la surconsommation. **Chaque jour, de nouveaux besoins sont mis en avant (parfois créés de toutes pièces).** Chacun entraînant un nouveau produit à se procurer, moyennant finances. Écoute-bébés, balancelles de luxe, poussettes ultra-sophistiquées, tables à langer multifonctions... Avant même sa naissance, votre bébé est une cible privilégiée des professionnels du marketing dont le discours est simple à décrypter : plus vous achetez d'objets à votre tout-petit, meilleurs parents vous serez. Si vous vous laissez convaincre, votre budget « bébé » risque de s'élever, dès les premiers mois, à plusieurs milliers d'euros !

**Mais votre enfant a-t-il vraiment besoin de tout cela ? Bien sûr que non !** En réalité, pendant ses premiers mois, seules deux choses lui sont strictement indispensables pour grandir, s'épanouir et être bien : vos bras pour le porter et votre lait pour se nourrir. Le tout enrobé, bien entendu, de votre amour immense et inconditionnel. Un amour qui lui fera prendre confiance en lui et lui donnera l'autonomie pour aller de découverte en découverte.

**Non seulement le besoin qu'à votre enfant de s'entourer de dizaines d'objets de puériculture n'est pas avéré, mais certains d'entre eux pourraient se révéler nuisibles pour sa santé.** D'après le Centre international de recherche sur le cancer (CIRC) de Lyon, on observe une « augmentation de 1 % des cancers chez l'enfant en Europe chaque année depuis vingt ans ». Par ailleurs, depuis quarante ans, les malformations urogénitales ont été multipliées par cinquante. Ondes électromagnétiques, cosmétiques, pesticides, pollution de l'air, de l'eau, trou dans la couche d'ozone, stress... Les causes profondes de ces cancers restent encore à déterminer. Sur les 100 000 substances (plastiques, textiles, agglomérés...) en circulation, seules 3 % ont été évaluées en termes d'effets sur la santé humaine ! Une chose est sûre, toutefois : respecter le principe de précaution, en mettant au maximum nos enfants à l'abri de ces pollutions diverses, ne peut que leur être bénéfique. Avec un peu d'information et un zeste d'huile de coude, il est très simple de réagir.

# Et pourquoi pas la simplicité volontaire ?

**Se plier à cette consommation de masse n'est pas non plus, loin s'en faut, la panacée pour notre planète.** Car cette multitude d'objets implique un mode de production souvent écologiquement désastreux, car très coûteux en eau – c'est notamment le cas du coton – ou source de pollution ou de pillage des ressources naturelles, comme pour le plastique. Et qui dit transports longue distance dit aussi note salée en matière d'écologie. Sans parler des conditions de fabrication, pas toujours très limpides du point de vue humain (exploitation salariale, charge excessive, travail des enfants, etc.).

**Les modes de consommation que nous allons vous proposer dans ce chapitre répondent tous au souci d'une recherche maximale de naturel et de simplicité.** Beaucoup se rapprochent de ce qu'on appelle la « simplicité volontaire ». Une philosophie de vie fondée sur une moindre consommation ou sur une consommation plus responsable. Les prémices de la simplicité volontaire ne datent pas d'hier : l'expression fut utilisée pour la première fois dans les années 1930 par l'un des penseurs du mouvement non violent. Un choix de vie qui s'est popularisé en Occident à mesure que celui-ci était touché par la crise. Et parfaitement résumé par le mot lancé naguère par le Mahatma Gandhi lui-même : « **Vivre plus simplement pour que d'autres puissent tout simplement vivre.** » Une nécessité de responsabilisation et de partage chaque jour plus prégnante...

Au fil de ces pages, nous allons tenter de vous montrer que, le plus simplement du monde, vous pouvez apporter le meilleur à votre enfant, tout en le préservant des principaux travers de notre société de consommation : culte du « toujours plus », du « toujours plus perfectionné », omniprésence de produits chimiques aux effets pas toujours maîtrisés, coûts en hausse constante. Le tout sans vous compliquer la vie. En vous la simplifiant, même ! Avec, à la clé, une intense sérénité. Et la certitude de préparer, du mieux possible, votre enfant aux défis, petits et grands, que lui prépare l'avenir.

# Porter bébé

Par Isabelle Gambet-Drago,
masseuse-kinésithérapeute et formatrice en massage bébé

## Bébé porté, bébé heureux !

**Être porté est l'un des besoins primaires du bébé.** Notre époque, obsédée par une prise d'autonomie précoce du tout-petit, a longtemps dénigré le portage. Or sa réhabilitation s'impose. Car ses bienfaits, tant psychomoteurs que psychologiques, sont innombrables. En outre, c'est plus pratique que les poussettes !

## « Tu seras autonome, mon fils... »

À travers le monde entier, les femmes et parfois les hommes portent les nouveau-nés pendant de longs moments dans la journée, et ce, pendant plusieurs mois. **Au siècle dernier, dans nos pays dits « civilisés », nous avons voulu apprendre à nos bébés l'autonomie dès le plus jeune âge – laquelle rimait, souvent, avec solitude.** Dormir seul, dans sa chambre, dans son lit ou dans son landau, tout était fait pour ne pas déranger la vie de l'adulte. Objets phares de cette philosophie : le landau et la poussette, très pratiques pour promener son enfant... avec le moins de contacts physiques possible !

**Aujourd'hui, les mentalités évoluent doucement vers d'autres modes de portage.** Malgré tout, les vieilles réticences ont la vie dure. Il est encore très fréquent d'entendre des grands-parents ou des voisines conseiller aux jeunes parents de laisser leurs enfants seuls dans leur lit pleurer un peu pour « se faire les poumons ». Le risque de dépendance mère-enfant revient très souvent dans les discours prônant l'isolement.

**Pourtant, rappelons que l'être humain est le seul mammifère à ne pas être autonome à la naissance pour ce qui est de ses déplacements.** Sa survie dépend donc d'une tierce personne. Pour être autonome dès son premier jour, le petit d'homme devrait passer dix-huit mois dans le ventre de sa mère. Certains ethnologues pensent que la verticalisation de l'homme a réduit la taille de son bassin. Ce qui a entraîné, en quelque sorte, une naissance prématurée vers le neuvième mois de vie fœtale, afin de permettre au bébé de sortir du ventre maternel sans encombre. Il lui faudrait donc neuf autres mois à vivre comme les bébés kangourous, tout près de sa mère, pour achever sa maturation. Certaines populations nuits portent, du reste, leur petit non-stop jusqu'à sa première année.

Sans forcément passer à cet extrême, il est intéressant de se poser la question des besoins de bébé dans ses premières semaines de vie.

# Osez revenir à l'essentiel...

À la sortie du ventre utérin, certains organes, comme le cerveau, le foie, la peau, ainsi que le système immunitaire, vont mettre plusieurs mois avant d'atteindre leur état mature. Il faut du temps à l'organisme pour achever ce qu'il a entrepris. Ce temps ne peut être consacré qu'à ces fonctions de maturation et peut difficilement être investi dans d'autres apprentissages fondamentaux.

**Immergés dans notre société de performance, nous n'osons pas laisser le temps agir à son rythme, de peur que notre enfant ne prenne du retard dans ses acquisitions.** Pourtant, les besoins fondamentaux d'un bébé sont simples. Posez-vous simplement la question : qu'est-ce qui est vraiment indispensable à mon nouveau-né ? Un nouveau-né a besoin d'accomplir certaines fonctions de base, comme manger, dormir, uriner, déféquer. Il exige aussi de la chaleur, des regards, de l'attention, du contact…

**Porter son enfant est une façon simple de répondre à la grande majorité de ses besoins.** Toutefois, il faut respecter certaines conditions de portage. Sinon, le portage peut entraîner des effets néfastes pour le bébé, mais aussi pour son porteur.

## Les porte-bébés traditionnels : attention, position antiphysiologique !

Observez la position de votre enfant dans un porte-bébé traditionnel. Il est suspendu par les plis de l'aine et par ses parties génitales. Il est souvent porté plus bas qu'« à portée de bisous ». Ses membres inférieurs partent en extension lorsque vous marchez. Il est d'ailleurs difficile de s'asseoir avec un bébé porté ainsi. Le nourrisson, qui n'est pas contenu, ballotte dans tous les sens. De plus, le porteur cambre le dos de façon excessive, rendant le portage rapidement douloureux. Sans compter que les bretelles cisaillent vite les épaules, entraînant de fortes contractures des trapèzes, surtout si la maman allaite.

▶ Une astuce pour rendre plus physiologique un porte-bébé : passez par-dessus un morceau de tissu dont vous vous servirez pour maintenir les jambes en position écartée et serrer votre enfant contre vous. Vous verrez vite la différence. La position doit être la même que celle obtenue avec une écharpe bien utilisée.

# Comment choisir la bonne écharpe

**Les systèmes de portage physiologiques – écharpe en priorité, mais aussi porte-bébés spéciaux en tissu – peuvent vous permettre de porter votre bébé jusqu'à ses 3 ans, sans vous fatiguer outre mesure !**

Un nombre croissant d'enseignes se lancent aujourd'hui dans la vente de ces produits en vogue. Malheureusement, tous n'offrent pas de bonnes conditions de portage.

## Ce qu'il faut surveiller :

▶ **La qualité du tissage**. Celui-ci doit être en sergé croisé, un tissage particulier qui permet de garder une certaine élasticité du tissu, évitant ainsi tout risque de garrot et entraînant un confort de portage exceptionnel. Si vous fabriquez vous-même votre écharpe à partir d'un tissu traditionnel, le portage sera moins confortable et vous porterez donc moins, ou avec moins de plaisir. Notez que les femmes africaines, par exemple, utilisent des boubous traditionnels qui ne sont pas en sergé croisé. Si vous les observez, vous constaterez qu'elles refont leur nœud toutes les cinq à dix minutes. Aucun risque de provoquer un garrot.
Il existe des écharpes en jersey, mais celles-ci devraient, à mon sens, être réservées aux tout-petits. Ces écharpes sont d'un immense secours pour les enfants prématurés ou de faible poids. Moulant comme une seconde peau, le jersey permet à ces bébés de continuer leur temps utérin dans une sorte de poche kangourou.

▶ **La qualité des colorants utilisés**. Votre bébé va être en contact direct avec l'écharpe, il arrive même qu'il la mette à la bouche. Il faut donc que le tissu respecte les normes de coloration afin de ne pas être toxique.

▶ **La longueur, si c'est une écharpe**. Pour pouvoir réaliser toute la gamme possible de nœuds et pouvoir « tenir » la croissance de votre enfant, une longueur de 4,60 mètres est le plus souvent suffisante. Si l'un des deux parents est très grand, il ne faut envisager l'utilisation d'une écharpe de plus de 5 mètres que si ce dernier est le porteur principal. Car installer bébé en portage dans une écharpe trop longue décourage toutes les bonnes volontés. Dans ce cas, le porteur occasionnel utilise des nœuds nécessitant moins de longueur de tissu.

▶ **Les possibilités de serrage**, si c'est un porte-bébé physiologique. Le porte-bébé doit pouvoir se placer devant comme dans le dos, en offrant une capacité de serrage optimale dans tous les cas de figure.

# Vous souhaitez porter votre enfant en écharpe ? Pas d'impasse sur l'atelier de portage !

Pour le portage en écharpe, il est très difficile – et donc potentiellement dangereux ! – d'apprendre seule le nouage. C'est pourquoi, si vous voulez profiter au maximum du portage et de ses nombreux avantages, nous vous conseillons vivement de suivre un cours ou d'être initié(e) par une maman « porteuse ». De plus en plus de bébés sont portés en écharpe, mais rares sont les parents qui portent vraiment correctement, et c'est bien dommage.

## Les deux conditions d'un portage efficace

L'efficacité du portage réside dans deux points essentiels :
▶ **l'écartement des jambes (position « grenouille ») ;**
▶ **le maintien du bébé grâce au serrage.**

Tout système de portage est considéré comme acceptable dès lors qu'il respecte ces deux conditions.

# Pourquoi ces deux critères sont-ils fondamentaux ?

### L'écartement des jambes

Les parents sont souvent très impressionnés par l'écartement des jambes de leur bébé lorsqu'il est porté. Celui-ci nécessite d'être bien réalisé. **La bonne position est l'abduction (écartement des membres inférieurs) et la rotation externe de la hanche (les orteils tournés vers l'extérieur). Les genoux et/ou les pieds doivent se trouver au-dessus du niveau des fesses.** Le premier mois, il est indispensable de laisser les genoux fléchis afin de ne pas abîmer la tête fémorale. Après un mois, l'écartement peut se faire jambes tendues.

Bien sûr, les premières heures de la vie, il est possible de laisser le bébé en position fœtale, c'est-à-dire regroupée. Certains nouveau-nés supportent très bien l'écartement des jambes dès la maternité, d'autres moins.

**Attention ! Surtout, ne jamais forcer pour obtenir un écartement des jambes correct.** En effet, dans de rares cas, les difficultés qu'éprouve le bébé à écarter les jambes sont dues à une pathologie de la hanche appelée dysplasie de hanche, ou même à une luxation congénitale de la hanche. Sous contrôle médical, le portage peut être envisagé pour réduire la dysplasie.

Dans certaines pathologies, l'écartement des hanches peut également aider à la récupération ou à l'amélioration de certains troubles, grâce à son effet postural (étirement des adducteurs, pied bot...).

### La physiologie spécifique de la hanche du nouveau-né

Si l'on considère la physiologie normale de la hanche, cette articulation du nouveau-né se différencie de celle d'un enfant plus grand par deux éléments :

- le fémur ne possède pas de col, ce qui implique une orientation différente de la tête du fémur. On appelle cela des chandelles. La tête fémorale se trouve dans l'axe du fémur. Au fil des mois, elle va s'incliner, réalisant ainsi ce que l'on appelle communément le col du fémur. La tête du fémur va alors se trouver au centre de l'articulation de la hanche, également appelée cotyle. Avant l'âge de 8 ou 9 mois au moins, cette articulation n'est pas prête à supporter la position debout, sauf si le cotyle a été creusé par le portage ;

- le cotyle n'a pas encore une cavité bien creusée pour contenir la tête du fémur. Avec le temps et les différentes positions prises par le bébé lors de ses déplacements, comme la marche à quatre pattes, il va se creuser, donnant ainsi une bonne congruence à l'articulation.

## Comment et pourquoi bien porter un nouveau-né

Quand les jambes sont écartées, tournées vers l'extérieur, genoux fléchis (au moins le premier mois), puis tendus si on le désire, l'articulation est positionnée de façon à creuser le cotyle au bon endroit. Dans cette position de portage, le bassin est enroulé. C'est la rétroversion du bassin.

▶ Ce positionnement permet de rester souple, ce qui entraîne un relâchement assurant un certain lâcher prise.
Il semble que la souplesse physique favorise aussi une certaine souplesse d'adaptation et de comportement : les enfants portés sont plus calmes.

▶ L'autre avantage de l'écartement des jambes est que le centre de gravité du bébé est très proche de celui du porteur. Comme il n'existe pas de bras de levier, le porteur n'a pas besoin de creuser son dos pour compenser le poids du bébé. Le bébé fait donc corps avec son porteur.

▸ L'écartement des hanches diminuent également les douleurs de coliques. En effet, dans cette position, le bébé évacue naturellement ses gaz, son ventre est massé continuellement par la respiration du porteur, et la chaleur du contact diminue ses spasmes.

## Le serrage

▸ Un bon serrage est indispensable et garantit une harmonie porté/porteur qui présente de nombreux avantages.

▸ **Le serrage permet de contenir le bébé**, ce qui lui procure une certaine sécurité de base. Ainsi contenu, il se sent protégé. Ainsi en sécurité sur son axe, il peut développer d'autres compétences pendant le portage.

▸ **Le serrage a aussi l'avantage de procurer au bébé un bon maintien de son dos.** À la naissance, la colonne vertébrale est arrondie. Le bébé va développer différentes courbures au cours de sa première année de vie. Il faut accompagner cette progression, tout en assurant un bon soutien de sa colonne tant que ses muscles ne sont pas assez puissants pour le faire.

▸ **Pendant que le bébé est ainsi porté, il développe sa musculature**. Le porteur se déplace, bouge... Le bébé, lui, même lorsqu'il dort, s'adapte aux différentes positions. À l'origine de ce fabuleux travail d'adaptation des muscles, la proprioception. On appelle ainsi l'ensemble des divers récepteurs impliqués dans la perception, consciente ou non, de la position relative des parties du corps. Ce phénomène permet au bébé de développer ses muscles lors du portage, alors même qu'il pourrait sembler ne pas développer ses compétences motrices. Dans les années 1950, la pédopsychiatre Marcelle Geber a comparé le développement moteur de l'enfant africain à celui d'enfants européens ou américains du même âge. L'avance des premiers était écrasante. Ils tenaient assis dès 4 mois, debout sans appui à 7 mois, marchaient à 9 ou 10 mois et pouvaient courir à 12 mois, contre 24 mois en moyenne pour les petits de nos contrées !

▶ **Le serrage aide au bon développement de l'oreille interne** (responsable de l'équilibre). Lors du portage, la position des canaux semicirculaires (les canaux qui occupent la plus grande partie de l'oreille interne et qui sont responsables de la perception, en trois dimensions, des mouvements de la tête) est modifiée. Du coup, le bébé est obligé de s'adapter à ses différentes positions avant même de savoir se déplacer. C'est ainsi qu'il acquiert l'équilibre. Les enfants portés sont souvent assez « cascadeurs », mais se font rarement mal !

▶ **Le serrage permet de maintenir un certain équilibre thermique**, car la chaleur du porteur est en contact direct avec celle du bébé. Avant l'âge de 2 mois, le tout-petit ne parvient pas à réguler sa température corporelle. Lorsqu'il est porté, il se trouve contre le porteur, à une température idéale. Même en cas de canicule, le corps du porteur est aux environs de 37 °C. C'est d'ailleurs pour cette raison que les bébés Touaregs sont portés dans les djellabas de leurs mères : la température est de 40 °C à l'ombre. Le bébé souffrirait de déshydratation s'il n'était pas au frais contre sa maman. C'est aussi pour cette raison que l'on conseille un portage en peau à peau (sans vêtement sur le torse) pour les nouveau-nés. L'adaptation du corps de la maman aux besoins de son enfant est en effet incroyable : des études ont montré qu'une mère pouvait descendre sa température de 2 °C afin d'abaisser celle de son bébé fiévreux porté en peau à peau.

▶ **Si le serrage est correct, l'air ne peut pas passer entre bébé et porteur. C'est pourquoi il n'est pas besoin de beaucoup couvrir un bébé porté correctement en écharpe**. Il suffit de l'installer dans l'écharpe, couvert comme à la maison. En général, en body l'été et en pyjama l'hiver. Plus besoin des combinaisons. Lorsqu'il fait froid, il est utile de lui ajouter un bonnet et de grosses chaussettes, car tête et pieds ne sont pas couverts par l'écharpe.

▶ **Ainsi porté, le bébé, contenu et serein, peut participer à la vie sociale.** Il écoute, regarde, observe et apprend déjà ce que l'on attendra de lui plus tard.

▶ **Vous, de votre côté, vous disposez de vos deux mains libres.** Rassurée de le sentir contre vous, vous pouvez vous livrer à toutes les activités que vous souhaitez : raconter une histoire au plus grand, préparer le repas, faire les courses, visiter un musée... Bref, la vie est plus simple !

## Les autres aspects positifs du portage

En dehors de ces deux aspects essentiels d'écartement et de serrage, l'écharpe et le portage offrent de nombreux autres avantages. En voici quelques-uns, mais vous en découvrirez sûrement d'autres par vous-même.

▶ **Les bébés portés dorment mieux la nuit.**

▶ **Les besoins du bébé sont mieux perçus**. Dès que l'enfant a faim, sa mère décode sa demande et le nourrit sans qu'il ait à pleurer. L'allaitement, maternel ou au biberon, peut se faire dans l'écharpe, en toute discrétion, et pour le confort de maman et bébé.

▶ **Le portage développe chez le bébé un sentiment de sécurité** qui contribue au développement d'une image de soi positive, entraînant la confiance.

▶ **Apaisés par le bercement, les enfants portés sont plus calmes et ils pleurent beaucoup moins.** Les soirées difficiles, à essayer de comprendre pourquoi bébé pleure et à tenter de le calmer, ne sont plus qu'un mauvais souvenir !

▶ **Le bercement permet aussi la fabrication d'endorphines, hormones du plaisir entrant en ligne de compte dans la lutte contre les douleurs.**

▶ **La position verticale, quant à elle, permet de réduire les remontées acides** dues aux reflux. Elle diminue aussi les pressions au niveau des appuis du crâne en cas de plagiocéphalie (tête plate).

▶ **L'écharpe ne prend pas beaucoup de place**, comparée à une poussette, ce qui est pratique quand vous vous déplacez en voiture, mais aussi en transport en commun.

▶ **Une seule restriction :** il est interdit de conduire en portage et même de s'installer à l'arrière de la voiture, ne serait-ce que pour quelques minutes. En cas d'accident, le résultat serait dramatique.

## Une astuce pour retirer bébé de l'écharpe sans le réveiller

Rien de plus agaçant, quand bébé est endormi dans l'écharpe, que d'appréhender de l'en enlever de peur qu'il ne se réveille. Voici une technique toute simple pour le faire.

▶ Défaites le nœud et déroulez l'écharpe pour la laisser tomber par terre ou sur votre lit.

▶ Placez votre main entre votre ventre et celui du bébé, paume sur son ventre. Écartez bien les doigts, afin de réaliser un point d'appui suffisamment large.

▶ Éloignez légèrement le bassin du bébé (voir p. 30) et faites-le passer à plat ventre sur votre main. Ainsi positionné, le bébé qui dort s'enroule autour de votre main et continue à dormir.

▶ Allez tranquillement le déposer dans son lit, en veillant bien à le poser sur le côté tout en « rentrant » son bras le long du corps.

# Pourquoi vaut-il mieux éviter de porter bébé face à la route ?

Le portage « face à la route » est très à la mode, car les bébés sont curieux et les parents veulent répondre à leur demande. Souvent, même, dans cette recherche d'autonomie précoce dont nous parlions plus haut, ils incitent leur bébé à découvrir le monde le plus tôt possible. **Nous vous déconseillons cette option, qui entraîne un mauvais positionnement physique et une insécurité affective.**

## Les mauvaises positions de ce portage

### Au niveau du dos

▶ **Il est impossible d'assurer un bon soutien de la colonne du bébé dans cette position, qui la fait obligatoirement se tasser.** Le développement physiologique du bébé se fait avec une courbure vertébrale en forme de C, arrondie vers l'avant de la tête au bassin. Le positionnement face à la route favorise un développement inverse, car l'enfant se sert de sa tête et de ses pieds comme point d'appui pour se cambrer en arrière, surtout s'il est en colère. Ses muscles se développent alors dans une longueur trop courte, entraînant comme des rétractions musculaires. Le bébé a moins la possibilité de s'enrouler vers l'avant, ce qui peut entraver la mise en place d'une motricité harmonieuse.

### Au niveau des hanches

▶ **Il est impossible d'obtenir la position jambes écartées souhaitée pour favoriser un développement optimal de la hanche.** De plus, le bébé est posé à cheval sur le tissu et tout son poids repose sur ses plis de l'aine et sur ses parties génitales, pouvant ainsi le blesser ou faire garrot. Aucun de nous n'accepterait d'être porté ainsi durant de longues heures !

# L'insécurité affective

▶ **Un bébé a besoin de sécurité affective pour se construire. Pour cela, il a besoin de voir son porteur.** Ainsi, il peut lui communiquer ses émotions et ses besoins. Une étude récente sur des bébés en poussette a montré que le taux de cortisol (hormone de stress) présent dans la salive des bébés face à la route était trois fois plus élevé que dans celle des bébés qui voient la personne référente. Il en va sûrement de même pour les bébés portés en écharpe...

▶ **Dans cette position de portage, le bébé est surstimulé.** Il reçoit toutes les informations visuelles, mais aussi émotionnelles, de ceux qu'il croise. Il sert, tout simplement, d'écran émotionnel au porteur. En cas de besoin, peur ou fatigue, il ne peut pas s'isoler en se blottissant contre son porteur. **Cette surstimulation peut être à l'origine d'un comportement hyperactif.** Face à la route, c'est le bébé qui peut décider, par l'émission de cris plus ou moins forts, où il veut se rendre. C'est lui qui commande. Or un dicton africain dit que l'enfant est porté dans le dos car c'est l'adulte qui montre le chemin.

▶ **En plus de ces deux inconvénients majeurs pour le bébé, le portage face à la route est néfaste pour le porteur.** Dans cette position, le nourrisson est tiré vers l'avant. La cambrure que le porteur adopte afin de compenser sa chute entraîne des tensions en région lombaire et au niveau des épaules, surtout s'il est déjà assez lourd. Le périnée, ensemble de muscles soutenant tous les viscères, est beaucoup plus relâché et fait donc moins bien son travail.

# Les alternatives possibles

Il est possible de satisfaire la curiosité de votre bébé tout en respectant son confort physique et psychologique. **Pour cela, vous pouvez soit le porter sur la hanche, soit dans le dos.**

# Le portage en trois questions

### ▶ Qui peut porter bébé ?

En général, les bébés sont portés par leur entourage familial proche : papa et maman, mais aussi frères et sœurs plus grands, grands-parents… Sans oublier la nounou, si elle le désire, ou les personnes référentes dans une structure collective. En effet, de plus en plus de crèches mettent en place le portage, parfois, du reste, sur la sollicitation de parents (voir p. 244). Au niveau affectif, ne vous y trompez pas : aucun porteur ne prendra votre place !

### ▶ Un bébé porté se fera-t-il bien à l'univers de la crèche ?

Vous vous demandez peut-être comment votre bébé gérera la transition portage à la maison/bras à la crèche si vous l'avez porté durant tout votre congé maternité, voire lors d'un arrêt plus long. En fait, si vous avez été sereine avec votre bébé sur ses capacités d'adaptation, la transition se fera sans encombre. Les enfants, même très jeunes, savent faire la différence entre votre façon de faire et celle des autres. Le soir, en rentrant du travail, rien ne vous empêche de reprendre le portage, pour profiter l'un de l'autre après votre journée. Chacun y trouvera son compte…

### ▶ Le portage rend-il l'enfant dépendant ?

Fameuse crainte contemporaine de la dépendance oblige, c'est la question qui revient le plus souvent. Une crainte souvent réactivée ou renforcée par l'entourage familial, conditionné par une époque « poussette et autonomie ». Contrairement à ce que l'on pensait autrefois, le fait de porter beaucoup son enfant n'engendre ni dépendance ni caprices… bien au contraire !
Les besoins du bébé primate sont simples, et plus tôt ils sont comblés, plus il acquiert de l'assurance. On l'a vu, le portage favorise l'attachement, la communication, la protection affective… Vous avez donc tout à y gagner.

Mais les résistances et les craintes sont parfois plus fortes que tous ces aspects positifs. Dans ce cas-là, mettez de côté l'idée de l'écharpe et laissez-la mûrir, peut-être pour plus tard ou pour le prochain enfant. C'est important de rester en accord avec soi-même.

N'hésitez pas, toutefois, à prendre votre enfant dans vos bras sitôt que vous ou lui en ressentez le besoin. Ce contact demeure fondamental. Notons néanmoins qu'un bébé simplement porté dans les bras est souvent plus coléreux qu'un enfant porté en écharpe. Pourquoi ? Lorsque vous portez votre bébé dans les bras, vous êtes centré(e) sur lui. Vous n'avez plus la liberté de réaliser les tâches quotidiennes et vous finissez par le poser. Non pas quand c'est nécessaire pour lui, mais quand vous n'en pouvez plus.

## À lire

- Cortet (Cécile) et Guerrand-Frénais (Céline), *Porter mon bébé*, Minerva, 2009.
- Didierjean-Jouveau (Claude-Suzanne), *Porter bébé : avantages et bienfaits*, Genève, Jouvence, 2005.
- Favreau (Manuella), *L'Art de porter bébé : nouages et positions*, Sète, La Plage, 2009.
- Van den Peereboom (Ingrid) et Alexandre (Corinne), *Peau à peau : techniques et pratiques du portage*, Genève, Jouvence, 2006.

**Associations de portage**
- http://www.portersonenfant.fr
- http://www.peau-a-peau.be
- http://www.portersonbebe.com
- www.massage-bebe.fr (le site de l'association Edelweiss, où officie Isabelle Gambet-Drago)

Un nouveau mode de vie

# Un **bébé tout propre…** naturellement

Par Catherine Piraud-Rouet, journaliste

**U**n nourrisson tout parfumé au gel douche pour bébé, des paquets de couches à acheter... Les clichés ont la vie dure ! Pourtant, cosmétiques industriels et changes jetables ne sont vraiment pas l'idéal, tant pour sa santé que pour celle de la planète. Il existe d'autres manières, plus écologiques et économiques, d'envisager l'hygiène du tout-petit.

## Changer bébé

### Les couches lavables, un vrai plus pour bébé et pour l'environnement !

Les fesses si fragiles de votre bébé ont droit à ce qu'il y a de mieux, tout comme l'environnement. Cela tombe bien : il existe justement **des couches lavables, plus respectueuses à la fois de la douceur de**

**sa peau et de l'environnement.** Des changes différents, en matières douces, absorbantes et écologiques comme le coton bio, le chanvre ou le bambou. Qui peuvent se recycler des années durant : une fois votre enfant propre, vous pourrez les revendre... ou les céder au petit dernier !

**Rien à voir avec la catastrophe écologique que constituent les couches jetables.** Un désastre que les chiffres suffisent à résumer : 150 kilos de déchets produits par un bébé, de la naissance jusqu'à l'acquisition de la propreté ; 5,6 millions d'arbres et 47 000 tonnes de pétrole utilisés chaque année pour les fabriquer ; et un temps de dégradation compris entre 200 et 500 ans[1].

**Les couches jetables n'ont rien d'enviable non plus sur le plan de la santé.** Déjà, elles sont composées de papier, de dérivés pétrochimiques et de coton. Mais le plus contestable, c'est le gel hyperabsorbant (polyacrylate de sodium) qu'elles contiennent. Pour mémoire, ce produit a été retiré du marché des tampons hygiéniques en 1985, car associé au syndrome de choc toxique (dangereux en cas de contact avec les yeux ou d'inhalation). Sans compter que des analyses ont montré la présence de dioxine et de substances dangereuses pour les systèmes immunitaire et hormonal.

**Dernier avantage de la « lavable » sur la « jetable »... mais non des moindres : le coût.** Les premières se révèlent en effet bien plus économiques que les secondes. Les changes réutilisables reviennent deux à trois fois moins cher que les couches à usage unique !

---

[1]. Source : Anne-Sophie Ourth, *Les couches lavables constituent une alternative moderne, écologique et économique aux couches jetables,* thèse de doctorat, faculté universitaire des sciences agronomiques de Gembloux, 2003. http://www.cniid.org/healthcare/docs/These-couches-lavables.pdf

# Les différents modèles de couches lavables

Le marché des couches lavables s'est énormément développé et diversifié ces dernières années. Avec des dizaines de marques et de modèles différents, disponibles principalement sur Internet, mais de plus en plus souvent dans des magasins « en dur », notamment dans les chaînes bio et écolos. Quelques pistes pour se repérer dans cette « jungle » :

▶ les couches simples, préformées, se portent avec une culotte de protection imperméable ;

▶ les TE1 (« tout en un ») se changent comme une couche jetable. Elles sont soit intégrales, soit avec un insert. Cette petite doublure, en matières naturelles ou en polyester à base de matières recyclées, se glisse à l'intérieur de la couche et se change quand bébé s'est sali ;

▶ les TE2 (« tout en deux ») sont composées d'une culotte en tissu imperméable à l'extérieur et micropolaire à l'intérieur, et d'une couche classique qui se fixe à l'intérieur de la culotte. Avantage par rapport aux TE1 : un temps de séchage plus limité, car les deux parties de la couche se séparent ;

▶ les changes simplement prépliés, que l'on glisse dans une culotte de protection imperméable, sont des sortes de serviettes en coton ou en chanvre.

Tous ces modèles sont disponibles, selon les marques, en taille unique ajustable ou en trois tailles, allant de la naissance à l'âge de la propreté. Quant aux systèmes de fermeture, on a le choix entre velcro ou snappies (sortes d'épingles de sûreté améliorées).

Certaines marques françaises, au début quasi artisanales, sont désormais des références distribuées dans toute l'Europe. Mais beaucoup de ces couches lavables sont de facture allemande, américaine ou australienne, et produites de façon industrielle (même si c'est, la plupart du temps, dans des conditions respectueuses de l'environnement et du facteur humain).

Si ces couches séduisent un nombre croissant de parents, c'est aussi parce qu'elles n'ont rien de comparable, ni dans leur aspect ni dans leur maniement, avec les anciens langes de nos grands-mères. Colorées, voire imprimées, extrêmement douces au toucher, elles sont aussi très pratiques à manipuler, notamment les TE1, qui s'utilisent exactement comme des jetables. Elles passent très bien à la machine à laver et, pour la plupart, au sèche-linge. C'est pourquoi un kit moyen de vingt couches, assorti de quatre à six culottes de protection si vous optez pour des couches simples, devrait suffire.

## Les écolaveurs de France

**Pour vous faciliter encore la tâche, il existe en France, depuis peu, des entreprises qui se chargent de ramasser chez vous les couches sales et de les laver (ce qui est fait selon des normes d'hygiène très strictes). Un système depuis longtemps rodé en Allemagne, aux Pays-Bas, aux États-Unis ou en Grande-Bretagne, où les couches lavables font partie intégrante du paysage de la puériculture depuis de longues années déjà.**

▶ **Côte-d'Or : Bébé l'Ange Service (Dijon). Tél. : 09 54 30 57 24 ou 06 75 79 80 30. http://bebelangeservice.com**

- Mayenne : Change Nature (Laval). Tél. : 02 43 37 85 16 ou 06 45 50 18 61.
- Moselle : Mon Bébé Doux (Sarrebourg). Tél. : 03 87 03 44 52. http://www.mon-bebe-doux.fr
- Bas-Rhin : Couches écoservice (Strasbourg). Tél. : 03 88 77 39 42. http://www.couches-ecoservice.com
- Paris et région parisienne : Easy Lange (Paris). Tél. : 01 77 69 59 01 ou 06 07 58 94 57. http://www.easylange.fr

Si vous trouvez les couches lavables trop fastidieuses d'entretien (notamment en voyage), vous pouvez vous rabattre sur **une solution intermédiaire : les couches jetables non blanchies**, comme les Oko Moltex. De couleur brun clair, elles sont garanties sans agents conservateurs ni parfums. En partie ou totalement biodégradables ou compostables, elles sont aussi, pour certaines, sans trace de polyacrylate de sodium. Vous les trouverez dans les magasins et coopératives bio ou sur des sites Internet spécialisés en puériculture « nature ».

## En savoir plus :

- Association pour la promotion des couches lavables (APCL Bulle de Coton) : **www.bulledecoton.org**
- Beneytout (Christelle), *Les couches lavables, ça change tout !*, Sète, La Plage, 2008.
- *Guide des couches lavables et autres alternatives aux couches jetables*, Éditions Grandir Autrement, 2008. En vente sur **www.grandirautrement.com**

## Et si vous essayiez de ne pas lui mettre de couches du tout ?

Savez-vous que chaque bébé se manifeste de manière très claire lorsque survient l'envie pressante d'accomplir un besoin naturel ? Grimaces, pleurs, tortillements, gaz... Autant de signes qui passent souvent parfaitement inaperçus lorsque l'on se repose sur la présence d'une couche. Mais imaginez que votre nourrisson soit laissé les fesses nues. Vous seriez sans doute bien plus à l'écoute de ces menus signaux ! **C'est de cette idée qu'est né le concept d'hygiène naturelle infantile, ou « bébé sans couche ».**

**Le principe ? Dès sa naissance, on observe attentivement les indices émis par le tout-petit, afin d'apprendre à reconnaître LE moment.** Après, il s'agit de lui proposer le pot, les toilettes ou le lavabo dans l'instant.

Popularisée au début des années 1990 par l'Américaine Laurie Boucke, au retour d'un voyage en Inde, cette méthode séduit certains parents « nature » qui cherchent à se mettre au maximum à l'écoute de leur bébé. Outre son aspect clairement économique, elle a l'avantage de limiter les érythèmes fessiers et de rendre les enfants définitivement propres quelques mois plus tôt que les autres. Les parents qui la pratiquent vantent souvent une relation renforcée avec leurs enfants.

**Elle est toutefois extrêmement contraignante et va impérativement de pair avec une proximité physique maman/bébé de tous les instants.** C'est pourquoi beaucoup la couplent avec l'usage de couches lavables ou biodégradables, notamment à l'extérieur.

## En savoir plus :

▶ Bauer (Ingrid), *Sans couches, c'est la liberté ! À la redécouverte de l'hygiène naturelle du bébé*, La Londe-les-Maures, L'Instant présent, 2006.

▶ Monrocher-Zaffarano (Sandrine), *L'Hygiène naturelle de l'enfant : la vie sans couches*, Genève, Jouvence, 2005.

▶ Phung (Carine), *Conseils et astuces pour élever son enfant sans couches (ou presque)*, Genève, Jouvence, 2009.

## Stop aux lingettes bourrées de produits chimiques !

▶ **Pour essuyer le petit derrière de votre enfant, les lingettes classiques ne sont pas la panacée. D'abord d'un point de vue écologique.** Une fois rejetés dans la nature, ces produits, composés de plastique, de cellulose et de polyester, peuvent mettre plusieurs centaines d'années à se décomposer. Un chiffre d'autant plus terrible que chaque bébé en consomme en moyenne 5 000 ! De plus, récemment, des études aussi fiables qu'alarmantes ont tiré la sonnette d'alarme sur la toxicité de ces produits.

▶ **Les lingettes classiques sont, pour la plupart, blanchies au chlore.** Ce qui libère des polluants organiques persistants (POP). Elles peuvent contenir plus de quinze produits chimiques synthétiques, parmi lesquels les SLS (laurylsulfates de sodium), très irritants pour la peau. Ainsi qu'un délicat cocktail de parfums synthétiques, de propylène glycol (qui accroît la capacité des autres produits chimiques à pénétrer dans la peau) et de parabens, perturbateurs hormonaux. Sans oublier les agents antibactériens, riches en pesticides !

## Préférez les lingettes écologiques

▶ **Non blanchies, elles sont faites avec de l'eau purifiée et des agents nettoyants dérivés du sucre et d'huiles végétales, mais aussi avec des extraits de plantes apaisantes comme l'aloe vera.** Elles sont entièrement biodégradables (certaines peuvent même se jeter dans les toilettes). Il est néanmoins préférable de les réserver pour les voyages, avec des recharges afin de réduire l'emballage.

▶ **Vous pouvez aussi fabriquer vous-même vos lingettes : une solution écologique et économique.** Soit avec du papier-toilette ou de l'essuie-tout biodégradables recyclés, soit avec un morceau de coton bio doux ou de laine polaire à base de produits recyclés. Pour nettoyer, rien ne vaut un peu d'eau, avec un brin de savon de Marseille ou d'Alep en cas de selles collantes. Contre les fesses rouges, les produits cosmétiques naturels à base d'aloe vera sont très efficaces.

# Fabriquez votre liniment oléo-calcaire

▶ Mélangez une dose d'eau de chaux et une dose d'huile d'olive première pression à froid (de préférence bio).

▶ Pour une meilleure homogénéité du mélange, ajoutez-y une cuillère à soupe de cire d'abeille ou de glycérine pour 500 millilitres de liniment.

▶ Faites fondre avec l'huile dans une casserole à feu doux.

▶ Ajoutez, hors du feu, l'eau de chaux.

▶ Le tout donne une préparation étonnamment efficace, sans danger aucun pour la santé de votre enfant. Et polyvalente : vous pourrez aussi utiliser le liniment pour nettoyer le visage de bébé, le masser, et même soigner son eczéma ou ses croûtes de lait !

## Laver bébé : un plaisir plus qu'un besoin

### Pas forcément tous les jours !

Tous les manuels de puériculture classique vous présentent le bain comme une pratique impérativement quotidienne. Assortie de savonnages plus ou moins appuyés, portant sur l'ensemble du corps de bébé.

Si ce moment rime, pour vous et votre enfant, avec détente et tendresse, ne vous en privez surtout pas ! En revanche, si la toilette est pour vous synonyme de corvée ou si votre bébé semble n'en tirer aucun plaisir, n'ayez aucun scrupule à espacer les bains. Surtout pour un bébé qui ne se déplace pas encore et qui n'est donc pas amené à se salir beaucoup. À plus forte raison, s'il souffre de problèmes d'eczéma ou de sécheresse corporelle. **Un nettoyage soigneux du siège à chaque change, accompagné d'un débarbouillage du visage et des mains lorsque c'est nécessaire, suffira amplement.**

## Avec des produits bio de préférence

**Pour le rendre propre, fuyez les produits contenant des parabens et des éthers de glycol, substances potentiellement cancérigènes.** Préférez les produits estampillés bio, garantis 100 % naturels. Vous pouvez très bien aussi vous cantonner à l'eau tiède, avec du savon d'Alep, de l'huile végétale bio ou du liniment oléo-calcaire, en cas de saleté plus tenace. Le lavage se fera à la main (n'est-ce pas ainsi que l'on procède dans la plupart des cultures traditionnelles ?), avec une petite éponge naturelle ou un gant de toilette en coton. Si vous devez utiliser du coton hydrophile, préférez-le bio.

## Découvrez d'autres manières de lui donner son bain...

**Notons qu'un nouveau-né peut aisément être lavé dans un lavabo, un bébé plus âgé dans une simple cuvette.** Il vous est également possible, et ce dès la naissance, de prendre votre bain avec votre enfant (dans une baignoire propre et après avoir pris une douche rapide de préférence, notamment tant que le cordon n'est pas tombé). C'est une excellente occasion de jeux et de contacts. Vous pouvez même allaiter votre bébé dans l'eau tiède, un moment que vous adorerez à coup sûr tous les deux !

**Si vous préférez investir dans une baignoire spécialement conçue à cet effet, sachez qu'il existe deux modèles particulièrement adaptés à la physiologie de bébé : la Tummy Tub et la Shantala.** De forme arrondie rappelant celle de l'utérus, ces deux ustensiles en plastique transparent, d'un coût très abordable (une vingtaine d'euros), permettent de conserver l'eau plus longtemps à la bonne température, tout en sécurisant le tout-petit. Blotti dans son cocon tiède, dans la même position que lorsqu'il se trouvait encore dans le ventre de maman, le nourrisson est aux anges ! Vous trouverez facilement ces baignoires ergonomiques sur les sites spécialisés en produits de puériculture « nature ».

# Mon bébé souffre d'eczéma, quels produits pour son bain ?

▶ Avant tout, en cas de sécheresse corporelle, espacez les bains, surtout si votre eau est dure. Vous pouvez en vérifier le pH auprès des services sanitaires de votre ville ou en contactant votre fournisseur.

▶ En cas de besoin, deux cuillères à soupe de bicarbonate de soude adouciront l'eau de son bain.

▶ Évitez, de manière impérative, les cosmétiques parfumés du commerce et misez sur certains produits 100 % naturels, aux vertus adoucissantes et curatives connues de longue date.

▶ Le savon d'Alep est efficace pour tous les problèmes de peau, tandis que le liniment oléo-calcaire calme les démangeaisons.

▶ Une fois l'eczéma disparu, un massage à l'huile de calendula aidera à réhydrater son épiderme fragile.

## À lire...

▶ Péric (Jackie), *Produits et soins naturels pour maman et bébé* et *Jeune maman, la nature est votre alliée*, Gap, Le Souffle d'or, 2002.

Un nouveau mode de vie

# Bébé, « consom'acteur » déjà responsable !

Par Catherine Piraud-Rouet, journaliste

**V**êtements, jouets, meubles, poussette « de compétition »...
Et si vous alliez au plus simple, en limitant les quantités et
en misant sur des produits responsables ou sur les réseaux
de deuxième main ?

## Habiller bébé : 4 évidences

▶ **Primo** : un bébé, ça grandit. Très vite. Inutile, donc, de mettre une
somme trop importante dans des vêtements qu'il va garder quelques
semaines seulement.

▶ **Secundo** : un nourrisson, c'est allongé ou blotti contre vous toute la journée et, dans tous les cas, endormi la plus grande partie de son temps. **Il n'a donc pas besoin de lots entiers de pantalons, de chemises ou de petites robes !** Une priorité : son confort. Lequel passe, le plus souvent, par une grenouillère toute simple !

▶ **Tertio** : un bébé, ça se salit. Renvois, régurgitations, accident de couche... **Ses habits doivent être faciles à nettoyer et à sécher,** mais suffisamment résistants pour ne pas s'user ou se délaver au bout de trois passages en machine.

▶ **Quatro : bébé déteste les vêtements qui s'enfilent par la tête, cela lui donne l'impression d'étouffer.** Privilégiez donc, dans la mesure du possible, les bodies et pyjamas qui s'enfilent par les bras et qui s'attachent sur le devant, dans le dos ou sur le côté (par des rubans ou des boutons-pression, sans nickel de préférence).

Au fil des mois, et notamment à partir du moment où il saura marcher, vous aurez tout loisir de diversifier sa garde-robe et de vous faire plaisir en lui achetant ou en lui fabriquant de petites tenues craquantes. Il aura aussi davantage de patience pour accepter des séances d'habillage plus longues. Mais, là encore, son confort devra toujours primer sur votre envie. Avant 2 ans, bien peu de petites filles se gargarisent d'être en robe. Le jean et le short ont bien davantage leur préférence... et sont tellement plus pratiques pour protéger fesses et genoux des coups en tout genre.

Alors, au quotidien, tant pis si votre bébé n'est pas exactement semblable à une gravure de mode. Profitez-en bien, ça ne durera pas ! Dès l'âge de 3-4 ans, vos petits diables vous feront la guerre pour choisir habits estampillés aux couleurs de leurs héros ou robes « qui tournent » pour les filles.

# Pourquoi est-il préférable de miser sur le bio et sur l'équitable ?

Les vêtements du commerce sont certes très mignons et – pour certains, du moins – peu onéreux. Toutefois, et sans faire d'alarmisme excessif, ils sont loin d'être parfaits, tant pour l'environnement que pour la santé de bébé. **Côté environnement, le coton est le textile le plus polluant,** nécessitant pour sa production une quantité phénoménale non seulement d'eau, mais aussi d'engrais et de pesticides. **Côté santé,** si l'on en croit une étude récente sur « la sécurité et la toxicité des produits du textile-habillement » dans l'Europe des 25, **les vêtements fabriqués de manière industrielle (notamment dans les pays en développement) contiennent, à dose infime, de nombreux produits toxiques :** colorants azoïques à base de benzidine et dérivés, pentachlorophénol, métaux lourds (plomb, nickel, cadmium...), amiante, benzène, retardateurs de flamme (produits chimiques ajoutés aux textiles pour les empêcher de s'enflammer). Pour faire office d'apprêt et de conservateur, le formaldéhyde est massivement utilisé, surtout dans les vêtements en coton et en coton/polyester. Et pour assouplir certains tissus, on utilise des phtalates. Autant de substances susceptibles d'affecter le système hormonal, d'être potentiellement irritantes pour la peau, voire cancérigènes.

**Sans compter, évidemment, leurs conditions de production et d'acheminement, une catastrophe bien souvent sur les plans éthique et environnemental.** Pourquoi choisir des vêtements fabriqués selon des normes humaines douteuses, à l'autre bout du monde, alors qu'il est possible d'en privilégier d'autres qui viennent de moins loin et sont fabriqués selon des conditions sociales irréprochables ?

## Pour les nouveau-nés : misez sur le bio !

Il semble préférable d'adopter, surtout pour les premières semaines de bébé, des vêtements en tissus non blanchis ou teints avec des teintures à base de végétaux ou d'argile. Le chanvre et le bambou, matières très douces pour la peau de bébé et dont la culture est respectueuse de l'environnement, sont particulièrement à recommander. Citons aussi la laine vierge, le lin ou la soie.

# Comment reconnaître un vêtement « nature » : les labels

Le naturel est à la mode. La plupart des marques jouent la carte verte. Mais, en la matière, tout ne se vaut pas. C'est pourquoi plusieurs labels européens ont été mis en place ces dernières années. Établis et régulièrement contrôlés par des organismes indépendants, ils sont la piste la plus sûre pour vous aider à vous y retrouver.

▶ <u>Écocert</u>. Les textiles certifiés par ce label ont 95 % de leurs fibres d'origine naturelle, avec seulement 5 % de fibres synthétiques autorisés. La certification « Textile biologique », la plus exigeante, impose 95 % de fibres issues de l'agriculture biologique. Une exigence qui tombe à 70 à 95 % pour la certification « Textile à base de fibres biologiques ».

▶ <u>Oeko-Tex</u>. Ce label, divisé en quatre classes, garantit un vêtement ne contenant aucune substance nocive pour la santé. La classe I, qui concerne les textiles et les jouets en tissu pour bébé, est la plus exigeante. Si le produit est à la norme Oeko-Tex 1000, c'est l'assurance supplémentaire d'une fabrication selon des normes écologiques et humaines drastiques.

▶ <u>Naturtextil</u>. L'un des plus exigeants, ce label garantit une chaîne de production qui respecte tant l'humain que l'environnement. Ainsi qu'une proportion de fibres d'origine biologique au moins égale à 95 %. Et même à 100 % pour le sous-label Best !

▶ <u>Eko</u>. Ce label d'origine hollandaise garantit un produit d'origine biologique et fabriqué selon des conditions sociales respectueuses.

▶ <u>IMO</u>. Un label helvétique qui n'appose sa griffe que sur des produits en coton biologique fabriqués exclusivement selon un procédé écologique.

▶ <u>Demeter</u>. Cette certification, qui concerne la laine, garantit l'absence de traitement chimique ainsi qu'une teinture réalisée selon des normes écologiques.

# Cinq conseils pour une lessive plus saine

Un bébé, ça se salit ! Vous passez votre temps à laver et relaver ses petits vêtements. Comment concilier au mieux vos impératifs de parent et la protection de la peau si fragile de votre tout-petit, tout en respectant au maximum l'environnement ?

▶ Investissez dans un lave-linge récent, de préférence portant le label A ou A+ de l'Union européenne, garantie d'un lavage plus économique et donc plus écologique. C'est un investissement, mais qui sera vite rentabilisé si l'on considère qu'un lave-linge récent consomme de 40 à 90 litres par lessive, contre 70 à 120 litres pour un ancien !

▶ Réduisez la température de lavage, qui constitue à elle seule 90 % de l'électricité consommée. Lavez le maximum d'affaires à 30 ou 40 °C. Ne lavez à 60 °C ou plus que les articles vraiment sales ou le linge de toilette.

▶ Préférez des détergents végétaux à ceux issus de l'industrie pétrochimique : ils sont à base d'ingrédients biodégradables. Ne vous fiez pas à la mention « sans phosphates » : ces derniers sont interdits depuis juillet 2007 ! Misez sur la présence de l'Éco-label européen.

▶ Il existe aussi des solutions alternatives, encore plus « nature » et économiques : les noix de lavage indiennes, 100 % biodégradables, très efficaces sur le linge modérément sale. Elles ne vous coûteront que 15 à 20 euros le sac (celui-ci permettant deux à trois lavages par semaine pendant un an !). Autre solution : les balles de lavage en caoutchouc, ou même de vieilles balles de tennis, que vous placez dans le linge et qui, en le battant sur le même principe que nos grands-mères au lavoir, permettent d'avoir la main moins lourde sur la lessive. Il existe aussi des boules de lavage, sphères en plastique non toxique qui vont libérer des microbilles aidant l'eau à mieux agir sur le tissu. Ce qui vous permettra de zapper complètement la case « détergent ». Et même « adoucissant », car elles rendront naturellement votre linge tout doux au toucher !

▶ Et pour le séchage… Certes, il existe des sèche-linge dits « écologiques », mais la solution la plus « nature », si vous pouvez vous le permettre, reste l'étendage de votre linge au soleil…

## Chaussures : le moins possible… ou alors, écolos !

**Le saviez-vous ? Les podologues déconseillent le port de chaussures solides avant 2 ans, afin de mieux permettre aux petits pieds de se développer et de se muscler.** Dès que possible, laissez donc votre bébé ou votre bambin évoluer pieds nus. Le contact avec le sol les enchante et les aide à développer leur sens du toucher : froid, tiède, doux, rugueux… Mais il est certain qu'on ne peut pas toujours les laisser gambader pieds nus, d'autant que les bébés se refroidissent très vite par les extrémités.

**Pour protéger les pieds du froid tout en conservant ce magique effet « pieds nus », il existe des chaussons en cuir souples.** Dotées d'une semelle antidérapante, ces chaussures pas comme les autres, aux jolies couleurs vives, sont fabriquées de façon naturelle (la plupart du temps en Europe) et respectueuse du facteur humain. De quoi tenir les pieds au chaud tout en les laissant respirer !

# Les bons plans pour bébé

## Pour l'habiller
- ▶ Bébé au naturel : www.bebe-au-naturel.com
- ▶ Le Monde de Bébé : www.monde-de-bebe.com
- ▶ Fibris : www.fibris.fr
- ▶ Planète Coton : www.planetecoton.com

## Pour ses petits pieds :
- ▶ Robeez : www.robeez.com
- ▶ Artika : www.artika-les-chaussons.com
- ▶ Lil Jo's ou Jack and Lily

## Sites spécialisés :
- ▶ www.lunesetlutins.com
- ▶ www.petitspasdegeant.com

## Équiper bébé bon marché en limitant l'impact écologique

Pour des raisons tant financières que pratiques, on ne peut pas for-cément offrir à bébé une garde-robe 100 % bio. Heureusement, les pistes ne manquent pas pour allier plus grand respect de la planète et soin du porte-monnaie. N'oublions pas qu'un vêtement recyclé, c'est autant d'énergie gagnée !

### Les réseaux de deuxième – ou de troisième – main :
- ▶ la « récup' » au sein du cercle familial ou auprès des proches ;

- ▶ les braderies, dépôts-ventes, brocantes, vide-greniers… Mais aussi les petites annonces des forums Internet estam-pillés « maternage » ou « simplicité volontaire », par exemple http://bulle-de-nature.com/forums

▶ le troc
www.gchangetout.com
www.troc.fr
www.beebarter.com

▶ le don (particuliers se séparant des objets dont ils ne se servent plus, un bel exemple à imiter par la suite à votre tour !) :
www.fr.freecycle.org
www.donnons.org
www.consorecup.com

▶ la location (pour les couches lavables, par exemple) :
www.consoloc.com

# Amuser et éveiller bébé : les meilleurs jouets ne sont pas forcément ceux que l'on croit !

L'immense majorité des jouets proposés par les boutiques et grandes surfaces classiques sont aujourd'hui fabriqués hors d'Europe, et pour la majeure partie dans les pays asiatiques. La plupart sont même assemblés dans plusieurs pays différents pouvant être situés à des milliers de kilomètres les uns des autres.

**Outre l'empreinte écologique catastrophique occasionnée par le transport sur longue distance, ces jouets, très majoritairement à base de plastique, sont un désastre pour la planète.** Il faut savoir qu'un jouet en plastique met 500 ans pour se décomposer, contre deux 200 pour un jouet en métal et seulement 12 ans pour un jouet en bois peint.

**Et pour la santé de bébé, les jouets à piles, qui sont composées de substances à la toxicité variabl**e (plomb, zinc, mercure, lithium, manganèse, cadmium, nickel...), sont assez douteux. Sans compter leur coût et leur intérêt pédagogique souvent limité. Mais quoi d'étonnant à cela, si l'on considère que leur finalité numéro un n'est pas tant d'amuser bébé que d'être rapidement démodés ou cassés... et donc remplacés ?

**Il faut savoir raison garder : avant 2 ans, un petit enfant s'amusera au moins autant avec des objets divers dénichés dans la maison qu'avec ce « prêt-à-s'amuser » formaté par le marketing.** Ce n'est pas qu'il ne faille rien lui acheter. Mais quelques jouets bien ciblés, de préférence à base de matières naturelles comme le bois, le carton recyclé ou le coton bio, feront aussi bien l'affaire.

N'avez-vous jamais remarqué que rien n'amuse autant bébé que de jouer avec votre trousseau de clés ou avec les télécommandes des appareils audiovisuels ? Fabriquez-lui donc un « panier à trésor », contenant des objets doux, odorants, brillants ou sonores, qu'il prendra plaisir à manipuler.

## Fabriquez-lui un panier à trésors

▶ Choisissez des objets doux, brillants, odorants...
▶ Par exemple, remplissez une bouteille de plastique vide avec du sable ou des perles : il se délectera d'agiter, jusqu'à plus soif, cette sorte de bâton de pluie au murmure si fascinant. Ou des anneaux de rideaux en bois qu'il pourra enfiler sur un bâton. En la matière, la seule limite est votre imagination.

Outre, bien entendu, les règles élémentaires de sécurité : ces objets ne doivent pas être coupants et doivent pouvoir être portés à la bouche par bébé sans risque d'empoisonnement ou d'étouffement. Modifiez régulièrement la composition de ce panier : les petits enfants n'aiment rien tant que la nouveauté ! Il sera bien temps de lui offrir des figurines aux couleurs des héros enfantins à la mode... lorsqu'il aura d'autres idoles que ses parents !

**Toujours dans cette logique de consommation plus responsable et plus économique, vous pouvez aussi miser sur les jouets d'occasion, au travers des brocantes ou des vide-greniers, par exemple.** Et pour les livres, évitez ceux en PVC souple, orientez-vous de préférence vers les ouvrages imprimés, avec des encres non métalliques, sur du papier recyclé sans chlore ni solvants.

## Quelques marques de jouets écolos/éthiques

www.jeujouethique.com
www.terralana.com
www.brindilles.fr
www.natureetdecouvertes.com

# Élever bébé
## dans une
## maison saine
## et **sereine**

*Par Catherine Piraud-Rouet, journaliste*

**A**u cours de ses deux premières années, votre enfant passera l'essentiel de son temps à l'intérieur de votre foyer. Sans jeter tous vos équipements et produits ménagers, vous pouvez adopter certains réflexes simples pour qu'il évolue dans un environnement sain, à l'abri de la majeure partie des pollutions chimiques.

## Une maison saine

Votre intérieur est coquet et confortable, mais il comporte, hélas, plusieurs sources de toxicité non négligeables, surtout pour votre bébé, si vous n'y prenez pas garde. Savez-vous que 80 % de l'exposition aux pesticides a lieu dans le cadre du domicile familial ? La plupart des polluants sont émis par des matériaux de construction, intérieurs ou extérieurs : bois traités, panneaux de particules ou bois agglomérés, contreplaqués à base de résine et de colle contenant du formaldéhyde. Sont aussi impliqués les tissus d'ameublement, moquettes, peintures...

Si vous faites construire ou si vous rénovez votre maison, préférez les matériaux traditionnels de pays (granit, chaume, tuiles, torchis...) aux isolants tels que la laine de verre ou la laine de roche. Privilégiez les sols en matières naturelles (parquet de bois, carrelage ou linoléum naturel[2], aux moquettes ou tapis, qui représentent le plus grand réservoir à poussières, et donc à polluants, d'une habitation. Choisissez des peintures dotées du label AB, garanties sans émanations toxiques.

**Pour assainir votre intérieur et protéger au maximum votre enfant, faites le ménage de la manière la plus écologique possible.**
▶ **Proscrivez nettoyants liquides, parfums d'ambiance, chlore, insecticides, antibactériens ou aérosols.**
▶ **Préférez des produits ménagers écologiques tels que le bicarbonate de soude, le vinaigre blanc ou encore le jus de citron (idéal pour dégraisser et blanchir !).**
▶ **Certaines huiles essentielles, comme le citron, le pin sylvestre, la lavande aspic ou le tea tree (arbre à thé), possèdent de forts pouvoirs bactéricides et fongicides, tout en parfumant agréablement vos produits ménagers.** Comme ces huiles sont très concentrées, quelques gouttes suffisent dans un flacon de savon liquide ou d'eau vinaigrée.

---

2. Le linoléum naturel est un revêtement de sol à base d'huile de lin, de colophane, de farines de liège et de bois, de calcaire, de pigments naturels (oxyde de fer), de jute ou de polyester sans chlore.

► **Usez et abusez de l'aspirateur,** notamment sur les tapis et moquettes. Aérez au moins un quart d'heure, deux fois par jour.

► **Autre idée : garnissez votre maison de plantes vertes.** Celles-ci ont un pouvoir d'assainissement de l'atmosphère souvent méconnu, mais bien réel. Non contents de contribuer à créer une ambiance chaleureuse dans votre foyer, ces silencieux alliés verts neutraliseront, de manière redoutablement efficace, les effluves dangereux qui pourraient polluer vos pièces. **Le gerbera, le palmier nain ou encore la fougère de Boston** absorbent le formaldéhyde contenu dans les peintures, colles ou isolants. **Le palmier bambou,** lui, est champion pour absorber le benzène des parfums, peintures ou détergents. Tandis que **le rhapis** s'attaque à l'ammoniaque dont sont saturés les produits ménagers classiques. Autant de plantes inoffensives pour les petits !

# Une chambre sereine par le feng shui

**Le feng shui peut très bien s'appliquer à l'élaboration et à la décoration de la chambre de bébé.** Principe de cet art de vivre millénaire d'origine japonaise, chargé de bon sens : favoriser la circulation de l'énergie positive à travers la maison.

## Un environnement qui stimule les énergies positives et estompe les mauvaises

► **Choisissez de préférence une orientation nord, est ou nord-ouest.** Si, au moment d'aménager la chambre de bébé, vous hésitez entre deux pièces, préférez celle située à l'est, cela favorisera l'énergie du matin. Si vous devez choisir entre le nord et le sud, optez plutôt pour le nord : la moindre quantité de soleil, et donc d'énergie, l'aidera à s'apaiser et à s'endormir le soir.

► **Faites en sorte que la chambre ne donne pas sur des pièces bruyantes ou aux énergies peu agréables, comme les toilettes ou la cuisine.**

► **Évitez aussi les systèmes électriques envahissants :** les écoute-bébés à la mode aujourd'hui ne sont vraiment utiles que dans de grandes maisons ou des espaces particulièrement isolés où vous risquez de ne pas entendre votre enfant pleurer.

► **Évitez tout particulièrement les systèmes sans fil,** dont les effets à long terme sur l'organisme des jeunes enfants sont encore inconnus et donc potentiellement à risques : ni ordinateur avec connexion wi-fi ni téléphone portable à proximité de votre tout-petit (et notamment de sa tête). Même à travers une cloison.

## Un ameublement sain et adapté

▶ **Choisissez un lit en bois naturel,** dénué de parties métalliques, ainsi qu'un matelas en coton, laine ou chanvre et des draps en coton. Prévoyez au moins 20 centimètres entre la couche et le sol, afin de permettre à l'énergie de circuler plus librement.

▶ **Évitez d'installer des étagères ou des gravures au-dessus de la tête du lit** ou de l'entourer de meubles, sous peine de provoquer une sensation d'oppression chez votre bébé et de diminuer la qualité de son sommeil. Positionnez le lit face à la porte d'entrée, afin de lui permettre de voir qui entre dans la pièce. Idéalement contre un mur sans fenêtre, avec la tête côté mur, afin de le sécuriser.

▶ **Les meubles doivent être proportionnés à sa petite taille,** de préférence en bois ciré à la cire naturelle ou peint avec de la peinture écologique.

## Un environnement épuré

▶ **Côté éclairage, deux ou trois sources de lumière tamisée valent mieux qu'un unique lustre puissant.**

▶ **Côté couleurs,** optez pour des teintes « yin » apaisantes, comme les pastels ou les tons blanc cassé. Libre à vous, en revanche, de créer un coin aux couleurs plus vives qui sera consacré à son éveil et à ses jeux.

▶ **Limitez objets, peluches et tableaux.** Ce sont des nids à poussière potentiels et des sources de stimulation inutiles dans un espace avant tout, à cet âge, dédié au repos. Placez le maximum de matériel à l'abri dans une armoire ou un coffre fermé. Si vous en avez la possibilité, l'idéal est de transformer une pièce en salle de jeux et de laisser la chambre aussi vide d'objets annexes que possible.

# Un mobilier 100 % écolo ? Pas forcément !

Tous vos meubles ne sont pas bio ? Pas de panique, vous n'êtes pas les seuls ! Personne ne vous demande de changer l'intégralité de votre intérieur pour l'arrivée de bébé. Sachez que le mobilier de puériculture écologique et équitable existe, on peut en trouver de plus en plus facilement, notamment sur Internet.

Toutefois, il faut bien reconnaître que ces produits ne sont pas donnés. Si néanmoins vous craquez, optez pour du mobilier évolutif : il aura une durée de vie plus longue et rentabilisera d'autant votre investissement. Encore une fois, en la matière, le système D et la bonne vieille « récup' » semblent la meilleure solution…

Un annuaire très complet de boutiques en ligne spécialisées « nature » et maternage :
www.materner.com/annuaire/categorie54-1.htm

## À lire...

- Forbes Carlin (Laura) et Forbes (Alison), *Le Feng Shui de bébé : accueillez votre nouveau-né dans une maison harmonieuse*, Médicis, 2006.
- Lelief-Delcourt (Alix) et Castro Guerra (Elisa de), *100 réflexes : bébé bio*, Leduc.s Éditions, 2008.
- Marriott (Susannah), *Bébé 100 % bio*, Nathan, 2009.
- Raffa, *Le Grand Ménage. Mes recettes pour une maison propre naturellement*, Bruxelles, Soliflor, 2009.

# Bébé et reprise du travail

Par Catherine Piraud-Rouet, journaliste

**Q**uitter le cocon familial et la tendresse de son enfant, encore si petit, pour aller retravailler à l'extérieur ? Un dilemme qui, tôt ou tard, se pose à toutes les jeunes mamans. Quel que soit votre choix, vous et votre bébé pouvez y trouver votre compte. D'autant qu'il existe désormais de nombreux modes de garde proches de vos aspirations « nature ».

## Reprendre le travail… ou pas

Votre enfant a quelques semaines, quelques mois, ou déjà 2 ans ou plus. Se pose la question du retour à la vie dite « active » (une expression pas forcément bienvenue, car qui connaît l'emploi du temps d'une maman au foyer conviendra aisément qu'on n'est pas franchement dans la passivité absolue…).

240

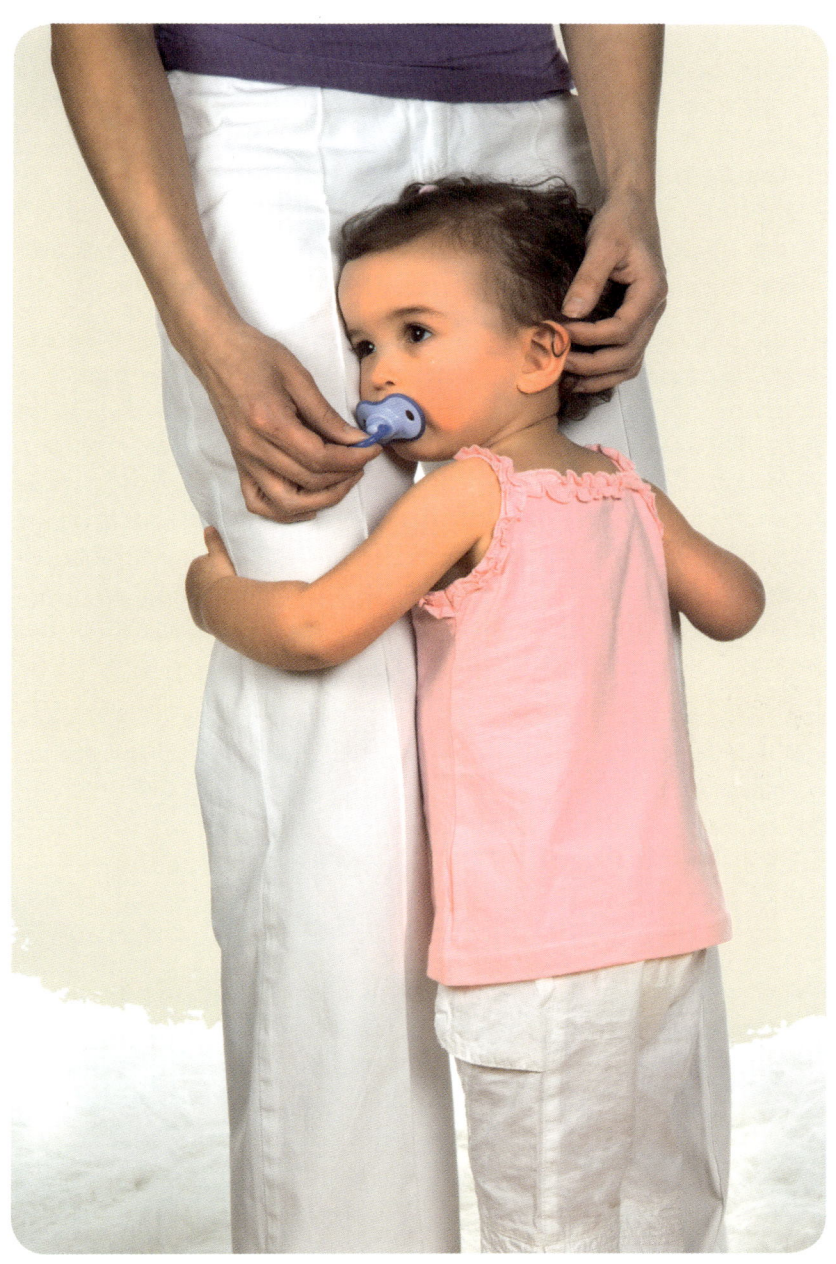

Surtout, pas de culpabilisation. Quel que soit votre choix, il sera le bon. Voici les différentes alternatives qui s'offrent à vous.

## Le congé parental d'éducation

Vous trouvez le congé maternité décidément bien trop court ? Vous souhaitez profiter pleinement des premières années, des premières découvertes de votre enfant ? Le sevrer à son rythme ?

▶ **Vous pouvez prendre – ou prolonger – un congé parental d'éducation (CPE), à temps plein ou partiel.** Ce congé peut vous être accordé à condition de justifier d'une ancienneté minimale d'un an dans votre entreprise à la date de la naissance ou de l'adoption de votre enfant. Ce congé, d'une durée maximale de trois ans, peut être pris dès le premier enfant, mais n'est rémunéré alors que six mois par la Caisse nationale d'allocations familiales. À partir du deuxième enfant, l'allocation, appelée complément de libre choix d'activité (CLCA), est versée jusqu'au mois précédant le troisième anniversaire du ou des enfants.

▶ **À noter qu'il existe désormais un CPE revalorisé, le COLCA (complément optionnel de libre choix d'activité), à prendre à compter du troisième enfant.** Un congé rémunéré 50 % de plus que le CPE pour deux enfants, soit 800 euros mensuels environ, mais limité d'office à une année d'arrêt seulement. Une alternative qui peut se révéler intéressante si vous comptez retravailler assez rapidement, à bien étudier en amont toutefois.

▶ **Attention : si vous souhaitez bénéficier du CPE dès la fin de votre congé maternité,** vous devez en informer votre employeur, par lettre recommandée avec accusé de réception, un mois au moins avant le terme de ce congé. Même délai et même voie si vous souhaitez prolonger votre CPE à temps plein ou passer à une activité à temps partiel. Enfin, si vous avez repris le travail entre-temps, la demande sera à faire dans un délai de deux mois avant la date de congé désiré.

► **Le CPE est un droit : si vous remplissez les conditions nécessaires, votre employeur ne peut vous le refuser.** Le CPE à temps plein suspend votre contrat de travail, mais vous avez la garantie de retrouver votre poste (ou un poste équivalent) à votre retour. Il est possible d'enchaîner au maximum deux CPE consécutifs.

**En savoir plus : www.caf.fr**

## Choisir d'être maman au foyer

Ce répit vous semble trop court. Vous avez décidé de démissionner de votre travail rémunéré ou de ne pas en rechercher pour le moment : vous serez maman au foyer.

Un choix qui ne rime pas forcément avec isolement et repli sur son bébé ! Il existe de nombreuses possibilités d'investissement dans le monde scolaire et associatif : renseignez-vous auprès de votre mairie. De plus, Internet a désenclavé la plupart des foyers aujourd'hui. Sur les forums de discussion entre mamans, vous aurez toute latitude pour vous faire des amies virtuelles… que vous pourrez choisir près de chez vous, afin de les rencontrer en chair et en os, avec vos bébés ! Les principaux forums (MagicMaman, Aufeminin, Doctissimo…) ont prévu une rubrique « près de chez vous », très fréquentée !

## Travailler tout en s'occupant de ses enfants

Pas question de laisser vos bouts de chou, mais pas question non plus de vous couper de toute activité professionnelle, par obligation financière ou par choix d'épanouissement personnel. Pourquoi ne pas essayer de travailler à domicile, tout en élevant vos enfants ? Un choix qui peut sembler tenir de la gageure, mais qu'un nombre croissant de femmes de tous profils adoptent désormais. On comptait en 2008 quelque 4,5 millions de télétravailleurs salariés au sein de l'Union européenne (la majeure partie dans les pays d'Europe du Nord), dont 150 000 en France. Les prévisions font état de 17 millions de personnes concernées par le travail à domicile en 2010.

L'essor d'Internet permet en effet désormais de gérer tout ou partie de son travail de chez soi, pour son propre compte ou pour celui de son employeur. Ce télétravail, si pratique pour concilier vie professionnelle épanouissante et vie de famille détendue, s'accorde particulièrement avec la création de blogs spécialisés ou de boutiques en ligne. Si l'idée vous tente, allez voir du côté du site www.mompreneurs.fr (des femmes devenues entrepreneuses à domicile à la suite de leur maternité, qui leur a donné des ailes !).

Alors, pourquoi pas vous ?

En bref : quel que soit le mode de vie que vous allez choisir d'adopter pour les années à venir, avec un peu de dynamisme, un zeste de courage et surtout de l'information, avoir un enfant n'est pas un frein à une vie de femme. C'est même souvent une occasion de s'ouvrir sur le monde, de développer de nouvelles compétences... et de rebondir ! Un épanouissement qui ne pourra qu'être profitable pour toute la famille. À commencer par votre enfant qui est une véritable éponge à émotions : si vous allez bien, il ira bien aussi. Et ce, même si vous n'êtes plus ensemble 24 heures sur 24.

## Faire garder bébé : le boom des modes de garde alternatifs et écolos

Enfin, si, comme la plupart des jeunes mamans, vous retravaillez à l'extérieur, il va vous falloir trouver un mode de garde pour votre bout de chou. Mais à la douleur de la séparation prochaine s'ajoute une forte appréhension : quelle structure d'accueil acceptera et fera fructifier vos choix éducatifs et sanitaires envers votre enfant ?

▶ **Rassurez-vous. Sachez que, depuis quelques années, les formules d'accueil des moins de 3 ans proposant des choix en accord avec une**

**puériculture et une éducation plus « nature » se multiplient.** Du coup, vous avez de bonnes chances de trouver chaussure à votre pied !

▶ **Un nombre croissant d'assistantes maternelles ont opté pour une éducation respectueuse des rythmes du tout-petit et privilégiant la communication non violente aux punitions et menaces.** Certaines acceptent la fourniture de lait maternel, voire, quand c'est possible, le fait que la maman passe allaiter son bébé. D'autres pratiquent le portage, en écharpe ou en porte-bébé physiologique, utilisent des couches lavables ou proposent aux enfants une nourriture à base d'ingrédients biologiques.

▶ **Pour trouver la « perle rare », écumez les forums Internet spécialisés dans le maternage et les « mamans nature ».** Beaucoup d'entre elles y passent des annonces en direct. Une association récente, Nounou Nature, regroupe des nounous « maternantes » de France, Belgique, Suisse et Luxembourg, qui y proposent leurs services. Par ailleurs, le réseau Zazzen, agence spécialisée dans la garde d'enfants à domicile en région parisienne, s'enracine dans les pédagogies dites « actives ».

▶ **De manière générale, n'hésitez pas à évoquer vos choix avec les personnes que vous rencontrerez.** Même chez les professionnelles qui ne pratiquent pas, *a priori,* ce type de fonctionnement, le message a de bonnes chances de passer – du moins en partie – si vous y mettez conviction et diplomatie. Les préoccupations environnementales, notamment, pénétrent en effet de plus en plus l'ensemble de nos sociétés occidentales.

## Côté structures collectives, de gros progrès ont aussi été faits… et ce n'est qu'un début !

▶ **Certaines crèches « différentes » mettent l'accent sur le respect des rythmes de l'enfant.** Les jardins d'enfants Steiner-Waldorf (une pédagogie qui favorise l'autonomie de l'enfant et sa créativité artistique) accueillent les bambins dès la toute petite enfance. Les crèches Lóczy, créées au lendemain de la Seconde Guerre mondiale par une pédiatre bulgare, s'inspirent des courants d'éducation nouvelle et de la psychanalyse. Elles s'appuient sur des soins individualisés donnés aux enfants et sur une activité libre et autonome de celui-ci (sous le regard d'un adulte référent, bien entendu). Plusieurs dizaines de structures d'accueil de jeunes enfants, sur l'ensemble du territoire, sont régies suivant cette philosophie.

▶ **Il existe aujourd'hui plusieurs dizaines de crèches dans toute la France ayant opté pour le bio et le durable dans leur construction et/**

**ou dans l'ensemble de leur mode de fonctionnement.** Recours aux énergies renouvelables (solaire, thermique, chaudière bois...), à des matériaux naturels mieux intégrés dans l'architecture de la région, mobilier et nourriture bio... Dans le XIXᵉ arrondissement de Paris, la crèche Hérold, inaugurée en mars 2007, a été ainsi la première structure collective municipale à se voir doter du label HQE (haute qualité environnementale).

▶ **Dans le secteur privé,** où fleurissent la plupart des initiatives de ce genre, le réseau de crèches « 1,2,3 Soleil », implanté dans le nord de la France, développe des crèches bioclimatiques, à travers une démarche de développement durable. Les couches lavables y sont les bienvenues.

▶ **Les initiatives se multiplient aussi du côté des crèches parentales, directement initiées par des parents.** D'autres structures, nouvelles, adoptent aussi une démarche plus écologique, comme la toute première micro-crèche[3] écolo et bio, Minibio, à Marseille. Avec un objectif, dans les trois années à venir : mettre sur pied une cinquantaine de micro-crèches bio sur l'ensemble du territoire, soit un total de 450 places.

▶ Ne manquait qu'**un label spécifique pour estampiller les structures d'accueil des tout-petits respectueuses de l'environnement.** C'est chose faite désormais, puisqu'un label « écolo crèche » vient d'être lancé par une association marseillaise. Deux structures associatives de la région PACA en sont déjà détentrices, plusieurs autres sont en attente à l'heure où nous écrivons ces lignes.

---

**3.** Neuf enfants maximum, encadrés par trois professionnels.

# Lieu de garde, lieu de vie

## Par Dominique Leyronnas,
### pédiatre néonatalogiste

Devenir parents change la vie. Sans devenir esclave de son enfant, on lui doit des aménagements. Il est dépendant et vivra l'existence qu'on lui fait vivre. Ses facultés d'adaptation ne doivent pas être trop mises à l'épreuve, pour préserver sa santé et un bon équilibre psychique. L'apprentissage du monde se fait en s'éloignant du ventre maternel, en cercles de plus en plus larges. Sauter une étape laisse toujours une fragilité qui s'exprimera tôt ou tard par un sentiment d'insécurité.

▶ **Comment concilier sa vie de mère et sa vie professionnelle ?**

Si les dernières décennies ont heureusement presque effacé la différence des sexes dans le monde du travail, établissant les droits au travail de la femme, qu'en est-il du travail de la mère ? Quel patron, quel chef d'équipe n'a pas d'arrière-pensées à l'annonce d'une grossesse, sachant pertinemment que l'heureux événement est pourvoyeur d'arrêts de travail avant et après la naissance, et ainsi pendant quelques années ? Cette reprise du travail est pour les jeunes mères une source d'anxiété au point que certaines s'interdisent d'allaiter pour ne pas ajouter à la difficulté de cette séparation celle du sevrage. Quel choix s'offre en effet à la fin du trop court congé de maternité ?

En France, rares sont les entreprises qui proposent un mode de garde sur place qui simplifierait les allées et venues et permettrait de prolonger l'allaitement. La pause café est de mise, mais pas la pause lait. On vante les mérites de l'allaitement en se gardant bien de prendre de vraies mesures pour le soutenir. Le bébé de 4 mois va connaître simultanément le sevrage, la perte de l'immunité maternelle transmise (les anticorps ont une durée de vie limitée) et la rencontre avec le monde extérieur. À plus forte raison s'il entre en crèche collective.

### ▶ Bébé à la crèche, bébé malade ?

Vingt bambins de moins d'un an qui partagent leurs microbes font un merveilleux bouillon de culture. La conséquence logique d'une telle promiscuité est une infection en moyenne tous les quinze jours, ce qui s'observe régulièrement. Les rhinopharyngites se succèdent à un rythme tel que les tympans n'ont pas le temps de récupérer entre deux épisodes. L'inflammation chronique des voies aériennes, étroites à cet âge, n'en permet plus l'aération. Les otites aiguës se succèdent sur fond d'otite séreuse qui gêne l'audition, donc l'acquisition du langage, jusqu'à ce que l'ORL retire les végétations et pose des « yoyos ».

Les bienfaits tant proclamés de la crèche collective sont une ruine pour la santé des enfants et pour l'assurance-maladie, par les soins et les arrêts de travail qu'elle occasionne de fait. Passer de la maison à un groupe de vingt fait franchir une marche un peu haute à cet âge.

Attendre un an de plus serait mieux. D'ici là, une assistante maternelle permettrait de faire l'expérience de la séparation dans une dimension qui reste encore familiale, le nombre d'enfants gardés étant limité. Aucun pédiatre sérieux ne peut soutenir que la crèche collective à 4 mois est une bonne chose. Les pédiatres reçoivent tous les jours des appels de mamans que la crèche a prévenues d'une fièvre ou d'une éruption et qui demandent à passer le soir même, quelle que soit l'heure, car il leur faut un certificat pour leur travail si elles « prennent leur journée » ou une prescription pour la crèche si leur enfant y retourne le lendemain.

Cette course-poursuite est-elle inéluctable ? Est-elle digne d'un pays dit évolué ? Si l'on dit qu'on mesure le degré d'évolution d'une civilisation par le soin accordé aux enfants, il reste dans ce domaine beaucoup à faire. Ce bébé qu'on a protégé pendant les neuf mois de la grossesse, prenant d'infinies précautions, évitant les aliments dangereux, multipliant les examens médicaux pour préserver sa santé, le voilà soudain ballotté entre une maman qui n'a plus le temps et un personnel, certes dévoué et bienveillant, mais dont la disponibilité est tributaire du groupe.

Quelle grande personne trouve enviable le sort d'un bébé sorti de son sommeil et de son berceau avant la levée du jour pour passer trop vite des bras d'une maman pressée aux bras des « autres » qui vont essayer de lui faire oublier cette cruauté jusqu'au soir ? Est-il vraiment impossible de respecter quelque temps cette « jeune pousse » pour qu'elle prenne de la force avant d'affronter le monde ?

## En savoir plus...

- Association Nounou Nature :
  **www.nounou-nature.fr**
- Réseau Zazzen :
  **www.zazzen.fr**
- Le site-annuaire de la Caisse nationale d'allocations familiales afin d'aider les parents à trouver un mode de garde, individuel ou collectif, au niveau national :
  **www.mon-enfant.fr**
- Le site du réseau 1,2,3 Soleil :
  **www.creches123soleil.fr**
- Réseau de micro-crèches bio :
  **www.lecarrefamille.com**
- Label « écolo crèche » :
  **www.am-environnement.org**
- Une liste, régulièrement actualisée, des crèches qui acceptent les couches lavables :
  **http://blog.grandirautrement.com/index.php/post/2007/04/10/52-des-creches-qui-acceptent-les-couches-lavables**
- Association Pikler-Lóczy de France :
  **www.pikler.fr**
- Écoles et jardins d'enfants Steiner-Waldorf :
  **www.steiner-waldorf.org**

# Biographies

▶ **Christian Arizi** est médecin généraliste, homéopathe uniciste, acupuncteur, praticien en irrigation du côlon et ostéopathe. Il soutient depuis longtemps la reconnaissance des médecines alternatives dans notre système de santé.

▶ **Danielle Belforti** a une formation d'ingénieur (biochimiste). Dès 1994, elle étudie le shiatsu à l'Institut français de shiatsu et de psychologie corporelle appliquée (dirigé par Michel Odoul), puis le massage ayurvédique au Centre Tapovan (centre de yoga et d'Ayurvéda dirigé par Kiran Vyas). Elle est praticienne et formatrice au Centre Tapovan et co-auteure du livre *Le Massage des bébés selon la tradition ayurvédique* aux éditions Marabout.

▶ **Alain Benoit** est pédiatre libéral, « médecin des enfants et de la famille ».

▶ **Jean-Marie Briand** est ostéopathe, membre du Registre des Ostéopathes de France. Il exerce en cabinet et en maternité, notamment à la maternité de l'hôpital privé d'Antony. Il est également chargé de cours à l'université Paris-VII Diderot, spécialiste de l'ostéopathie dans le cadre périnatal.

▶ **Isabelle Gambet-Drago** est masseuse-kinésithérapeute depuis plus de vingt ans. Spécialisée en neuropédiatrie, elle a travaillé plusieurs années en service hospitalier de néonatologie, réanimation pédiatrique et pédiatrie. Parallèlement, elle exerçait la kinésithérapie pédiatrique en libéral. Elle a ensuite suivi une maîtrise en pédagogie des sciences de la santé. Se servant de ces nouvelles connaissances en pédagogie, elle met en place des programmes d'éducation thérapeutique auprès d'enfants asthmatiques. Elle est aujourd'hui responsable de la formation des professionnels de santé et de la petite enfance au sein de l'association Edelweiss. Cette association fait la promotion du massage bébé ainsi que du portage. Vous

pouvez visiter le site de l'association pour des compléments d'information ou pour visionner des vidéos : www.massage-bébé.fr

▶ **Dominique Leyronnas** est pédiatre néonatalogiste et réanimateur. Tôt dans ses études, il découvre les nouveau-nés en service de prématurés et réanimation, puis en maternité. Cette rencontre est déterminante, il ne les quittera plus. En 1978, il devient médecin réanimateur transporteur au Samu des Hauts-de-Seine. À travers les situations d'urgence qu'occasionnent une grossesse ou une naissance difficile suivie d'un transfert, il est confronté à la souffrance physique et psychologique des bébés et des parents. Il mène au sein de son équipe une réflexion sur l'inconfort lié aux soins et sur les conséquences de la séparation à la naissance. Quand plus tard il vient à la rencontre des bébés de maternité, il s'applique à faire disparaître les pratiques agressives et inutiles et à promouvoir le respect des processus naturels. Il transmet ce message dans l'enseignement aux futures sages-femmes, qui y sont particulièrement réceptives.

Il a participé à plusieurs publications, notamment : *Soigner*, Érès, coll. « Mille et un bébés » ; *Cent mots pour les bébés d'aujourd'hui*, Érès, coll. « Mille et un bébés » ; *Bébé a mal*, dossier de la revue *Spirale*, n° 42, Érès ; *Le Bébé et les ruptures : séparation et exclusion* (dirigé par Caroline Eliacheff et Myriam Sjezer), Albin Michel, coll. « La cause des bébés ».

▶ **Catherine Piraud-Rouet** est journaliste indépendante, spécialisée en maternité et en puériculture naturelle et alternative. Elle est aussi l'auteure de plusieurs guides sur ces questions. Aux éditions Marabout : *Planète maternage : choisir d'élever ses enfants autrement* (2008) et *Faire un projet de naissance* (à paraître en 2010). Aux éditions La Plage : *Attendre bébé... autrement* (2008, www.attendrebebeautrement.com).

# Ressources complémentaires

## ▶ Les livres

**Didierjean-Jouveau (Claude-Suzanne)**, *Pour une naissance à visage humain*, Saint-Julien-en-Genevois, Jouvence, 2007.

**Didierjean-Jouveau (Claude-Suzanne)**, *Partager le sommeil de son enfant*, Saint-Julien-en-Genevois, Jouvence, 2005.

**Dugnat (Michel)** [dir.], *Les Émotions (autour) du bébé*, textes issus du VIᵉ colloque international de périnatalité de l'ARIP (octobre 2004), Ramonville-Saint-Agne, Érès, 2006.

**Dumonteil-Kremer (Catherine),** *Élever son enfant autrement*, Sète, La Plage, 2003.
Un gros livre qui aborde toutes les questions d'éducation : naissance sans violence, soins des bébés, portage en écharpe, jeux, accouchement à la maison, co-sleeping, allaitement, etc.

**Groupe medical de reflexion sur les vaccins** (Suisse), *Qui aime bien vaccine peu !*, Saint-Julien-en-Genevois, Jouvence, 2007.

**Klaus (Marchal H.)** et **Klaus (Phyllis H.)**, *La Magie du nouveau-né*, Albin Michel, coll. « La cause des bébés », 2000.

**Massin (Christophe)**, *Le Bébé et l'amour*, Aubier, 1998.

**Montaud (Bernard)**, *L'Accompagnement de la naissance*, La Baume-Cornillane, Edit'as, coll. « Saut dans l'inconnu », 1997.

**Piraud-Rouet (Catherine)**, *Planète maternage : choisir d'élever ses enfants autrement*, Marabout, 2008.

**Thirion (Marie)**, *Les Compétences du nouveau-né*, Albin Michel, coll. « Bibliothèque de la famille », 2002.

**Wagner (Anne)** et **Tarkiel (Jacqueline)**, *Nos enfants sont-ils heureux à la crèche ?*, Albin Michel, coll. « Questions de parents », 1997.

*La Sucette dans tous ses états*, dossier coordonné par S. Missonnier et N. Boige, revue Spirale, n°s 22 et 23, Ramonville-Saint-Agne, Érès, 2002.
Collection « Mille et un bébés », dirigée par Patrick Ben Soussan, aux éditions Érès.

## ▶ Revue

***Alternative Santé l'Impatient.***
Mensuel pour se soigner autrement grâce aux ressources des médecines alternatives et naturelles.

## ▶ Le massage et le portage

*Association*
*Edelweiss*    *Edelweiss* DIFFUSION

**L'association Edelweiss** accompagne les parents pour les aider à favoriser le bien-être de leur bébé et de leur enfant. L'association est spécialisée dans le massage des bébés et des plus grands, ainsi que dans le portage et la réflexologie plantaire pédiatrique.
Son site propose des vidéos, des conseils pratiques, un référencement de professionnels diplômés d'État formés par l'association sur ces différents sujets.
www.massage-bebe.fr

**Edelweiss diffusion** est une société qui propose des articles pour le bien-être de la maman et du bébé. Ils sont choisis ou fabriqués avec soin pour offrir le meilleur du savoir-faire de l'association Edelweiss en matière de portage, de massage (produits certifiés Bio) et de sélection de livres. Ces produits répondent aux exigences fixées par les professionnels de l'association Edelweiss. Vous pouvez les commander en vous connectant sur www.edelweiss-diffusion.fr

## ▶ Les soins au bébé

**Weleda bébé**

Une gamme à base de calendula 100 % bio aux vertus apaisantes. Des produits exempts de conservateurs (tels que les parabens...), de parfums de synthèse et d'huiles minérales, comme l'exige la charte qualité Weleda. Ils sont particulièrement bien tolérés par les épidermes fragiles, dès les premiers jours de la vie. www.weleda-bebe.fr

# Index

À la demande 45
Alimentation bio 76, 77
Allaitement 42-62
Allergies alimentaires 53, 69, 70-73
Antibiotiques 34, 146, 157, 165
Aromathérapie 158
Astuces au quotidien avec bébé 28, 104, 120, 129-137, 204
Ayurvéda, 106-123

Baby yoga 108
Baigner bébé 33, 218-221
Biberon 48, 54, 56-59, 60, 64, 65, 71, 73, 75
Bisphénol A 60

Chaussures écolos 229
Coliques du nourrisson 26, 30, 49, 112, 120, 137, 178, 179, 200
Congé parental d'éducation 242
Coucher bébé 25-27
Couches lavables 210-214
Crevasses 51

Deuxième main 230
Diversification 63-79

Écolaveurs 216
Eczéma 71, 84, 120, 169, 218, 221
Emmaillotage 136
Engorgement 52

Faire garder bébé 244-252
Feng shui pour bébé 236-238
Fièvre 27, 37, 84, 150, 152, 157-158
Frères et sœurs 37-38
Fusion mère-enfant 23-25

Handicap 161, 163, 185
Homéopathie 146-147, 153, 157-158
Huiles essentielles 121-123, 156, 158, 235
Hygiène naturelle infantile 215-216

Immunité 69, 152-154, 160-169, 248

Jeux et jouets écologiques 231-232

Labels écologiques 224-227
Lessive bio 228-229

**L**ingettes écologiques 217
**L**iniment oléo-calcaire 116, 218, 219, 221

**M**aison saine 234-239
**M**aman au foyer 243
**M**assage bébé 82-105
**M**édecine de terrain 146-147
**M**énage écologique 234-236
**M**ontée laiteuse 43, 47, 48, 52, 53, 57
**M**ort subite du nourrisson 26-27

**N**aissance 12-39

**O**ligoéléments 154
**O**stéopathie 170-185

**P**eau à peau 20-21, 202
**P**eau de bébé 116, 225
**P**etits pots 78
**P**hytothérapie 154, 156, 158
**P**lace du père 31-32
**P**lagiocéphalie 180-181
**P**leurs du bébé 144-145, 149
**P**ortage 192-208
**P**orte-bébé 195, 196, 197
**P**osition magique 134
**P**remière tétée 43-45

**Q**ualités du lait maternel 53

**R**éflexe de Moro 28, 97, 136
**R**eflux 179, 203
**R**elaxation 124-128
**R**ythmes du nouveau-né 46-47

**S**evrage 63-65
**S**implicité volontaire 189-191
**S**oins et tests à la maternité 36-37
**S**ommeil 26-31, 35, 46, 54, 84, 120, 125, 136, 148-151, 238
**S**uivi pédiatrique 142-159

**T**étine 54-55, 59
**T**ranchées 50
**T**ravailler chez soi 243-244

**V**accination 160-169
**V**êtements bio 224-227
**V**itamines 34, 118

# Crédits photographiques

# Grandir <sub>avec</sub> Nathan <small>com</small>

**Lucie, 2 ans**
Elle n'est jamais
fatiguée : elle bouge,
saute, court…

## grandir

Nathan · grandiravecnathan.com

# Le site
## qui vous accompagne
## dans votre rôle
## de parents

**Chloé, 8 ans**
Les maths,
maintenant,
elle adore !

# apprendre

**Oscar, 5 ans**
Il aime les petites
bêtes presque autant
que les contes de fée...

# lire

Achevé d'imprimer en mars 2010
Imprimé en France par I.M.E.